IRIS

vouwen®

OMNIBUS

D1699082

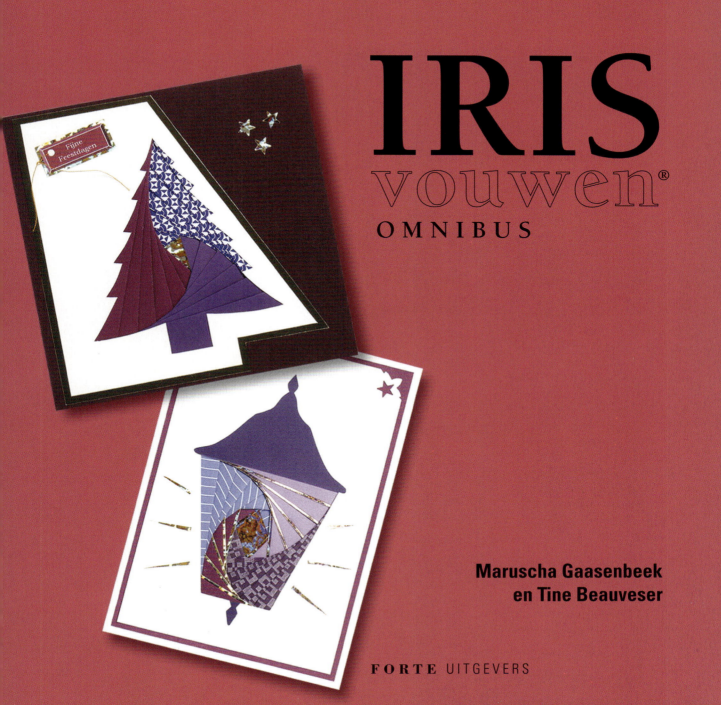

IRIS
vouwen®
OMNIBUS

Fijne Feestdagen

**Maruscha Gaasenbeek
en Tine Beauveser**

FORTE UITGEVERS

© 2005 Forte Uitgevers, Utrecht
Alle rechten voorbehouden.
Niets uit deze uitgave mag worden verveel-
voudigd, opgeslagen in een geautomatiseerd
gegevensbestand, of openbaar gemaakt, in
enige vorm of op enige wijze, hetzij elektronisch,
mechanisch, door fotokopieën, opnamen of
enige andere manier, zonder voorafgaande
schriftelijke toestemming van de uitgever.

ISBN 90 5877 470 8
NUR 475

Dit is een uitgave van
Forte Uitgevers BV
Postbus 1394
3500 BJ Utrecht

Voor meer informatie over
de creatieve boeken van Forte Uitgevers:
www.forteuitgevers.nl

IRISvouwen omnibus is samengesteld
uit de boeken:
IRISvouwen met smaak
IRISvouwen met een wens
IRISvouwen in wintersfeer

Eindredactie: Stella Ruhe
Fotografie en digitale beeldbewerking:
Fotografie Gerhard Witteveen, Apeldoorn
Vormgeving omslag en binnenwerk:
BADE creatieve communicatie, Baarn

Inhoud

7 ---------------------------- Voorwoord

8 ---------------------------- Technieken

13 ---------------------------- Stap-voor-stap

14 ---------------------------- Gebruikte materialen

16 ---------------------------- **Kaarten gebaseerd op vijfhoeken**

17 ---------------------------- Vijfhoeken

20 ---------------------------- Spelen met vijfhoeken

24 ---------------------------- Duo en diamant

27 ---------------------------- Mandjes

29 ---------------------------- Taart

32 ---------------------------- Roos

34 ---------------------------- Sparretje

37 ---------------------------- Kometen en kerstballen

40 ---------------------------- **Kaarten gebaseerd op ovalen**

41 ---------------------------- Ovalen

44 ---------------------------- Spelen met ovalen

48 ---------------------------- Geboortelepel

50 ---------------------------- Koffers

53 ---------------------------- 2CV

56 ---------------------------- Kikkertjes en vissen

58 ---------------------------- Eieren en eitjes

61 ---------------------------- Krokus en gieter

64 ---------------------------- Uitroepteken en Griekse vaas

68 ---------------------------- **Kaarten gebaseerd op rechthoeken**

69 ---------------------------- Rechthoeken

72 ---------------------------- Spelen met rechthoeken

74 ---------------------------- Blad en blaadje

77 ---------------------------- Peren en paddestoelen

80 ---------------------------- Koffietijd!

84 ---------------------------- Kopjes

86 ---------------------------- Lantaren en pegel

90 ---------------------------- Kersthuisje en kerstspar

93 ---------------------------- Met dank aan

Voorwoord

Welkom bij IRISvouwen, de eenvou(w)dige techniek met fantastisch resultaat! In dit boek, dat is samengesteld uit de boeken *IRISvouwen met smaak, IRISvouwen met een wens* en *IRISvouwen in wintersfeer,* aangevuld met enkele modellen uit *IRISvouwen met irisvouwpapier,* zijn alle kaarten gevuld met tot strookjes geknipte binnenkanten van enveloppen. Verzamel daarom zoveel mogelijk exemplaren, ruil ze met anderen en sorteer ze op kleur in je voorraad-bak. Het nieuwe, door ons ontwikkelde, papier is daar een perfecte aanvulling op. Ons papier is er in veel kleuren en motiefjes, het is sterk en prettig te vouwen, is altijd bij te halen en geeft eindeloze mogelijkheden tot variatie als je de verschillende kleuren met elkaar en met je eigen enveloppen combineert. En dat is nou net de bedoeling, want op deze manier blijft IRISvouwen altijd leuk. Wij hebben inmiddels bijna 500 verschillende kleuren en motiefjes!

Voor de tussenvellen van de kaarten is deze keer ook enveloppenpapier gebruikt. De smalle reepjes holografisch materiaal geven de kerstkaarten een feestelijk accent.

We hebben nu ook wensvellen gemaakt, die in alle modellen toepasbaar zijn. Letterlijk: *wenskaarten* dus! Want in veel kaarten staat de wens al ín het model. Onze kleurige IRISvouw tekststickers passen daar perfect bij.

Met je eigen, steeds wisselende keus van papier en afwerkmateriaal, wordt elke kaart een creatief werkstukje, waarvan er maar één is op de hele wereld!

We wensen je veel plezier met IRISvouwen!

Maruscha   *Tine*

Technieken

Uitgangspunt bij IRISvouwen is het model. De omtrek van dat model snijd je uit je kaart en het gat vul je vervolgens van buiten naar binnen op met gevouwen strookjes papier. Je werkt aan de achterkant van je kaart – dus in spiegelbeeld! – en plakt aan het eind je werkstuk op een andere kaart. Voor een vijfhoekig model kies je vijf verschillende, voor een ovaal en een rechthoekig model vier verschillende papiertjes, waarvan de motiefjes en kleuren mooi combineren en contrasteren. Knip of snijd het papier op dezelfde manier in strookjes: bijvoorbeeld van links naar rechts. Het aantal strookjes per model ligt tussen vier en acht. De breedte van de strookjes is afhankelijk van het model en wordt bij elke kaart genoemd. Je vouwt van alle strookjes direct een randje om en sorteert ze op soort. Je bedekt vakje na vakje door de nummers te volgen (1, 2, 3, 4, 5 enz.), zodat je werkstuk steeds ronddraait. De strookjes leg je met de vouwkant naar het midden van het model en je plakt ze links en rechts op de kaart vast met gewoon plakband. Het centrum sluit je met een schitterend stukje decotape of holografisch papier. Voorkom kleurverschil: gebruik per werkstuk één en hetzelfde stuk papier.

De basisvijfhoek, basisovaal en basisrechthoek

Het is belangrijk om te starten met de basisvijfhoek, de basisovaal en de basisrechthoek, want daarmee leer je de unieke vouw- en plakmanier, die je voor alle modellen nodig hebt. Je zult merken dat je snel vertrouwd raakt met de techniek van het IRISvouwen.

De voorbereiding
Voor de vijfhoek
1. Leg de kleinste kaart (kaart 3, blz. 19 13,1 x 9,7 cm geel) met de *achterkant* naar je toe.
2. Trek de omtrek van de vijfhoek op je kaart over met hulp van de lichtbak en snijd hem uit.
3. Bewerk de hoeken van de gele kaart met hoekpons diamant.
4. Zet een kopie van basisvijfhoek model 1 uit dit boekje met tape vast op je snijmat.
5. Leg de kaart met het gat precies op het model (je kijkt weer tegen de achterkant van de kaart aan) en zet de kaart vast op je snijmat met schilderstape links.
6. Kies vijf stukjes IRISvouwpapier met verschillende motiefjes. Voor kaart 3 op bladzijde 19 zijn vijf vellen IRISvouwpapier setje oranje gebruikt.
7. Knip hiervan stroken van *2 cm breed* en maak stapeltjes van kleur a, kleur b, kleur c, kleur d en kleur e.
8. Vouw van elk strookje over de hele lengte een rand (± 7mm) om met de *mooie kant naar buiten*.

Voor het ovaal
1. Snijd met de ovale Coluzzle mal met de speciale snijmat en het zwenkmes het ovaal 8 x 6 cm uit

de blauwe kaart van 13,8 x 9,5 cm (model op blz. 12 en 42).

2. Zet een kopie van basisovaal model 1, blz. 12 en 42 met tape vast op je gewone snijmat.
3. Leg de kaart ondersteboven (je kijkt tegen de *achterkant*) met het gat precies op het model en zet de kaart vast op je snijmat met *alleen* links een paar stukjes schilderstape.
4. Kies drie enveloppen met verschillende blauwe motiefjes en neem het blauwe wensvel.
5. Knip van de enveloppen stroken van *2 cm breed*, van het wensvel strookjes van ± *1,6 cm breed* en maak groepjes van kleur a, kleur b, kleur c en kleur d.
6. Vouw van elk strookje over de hele lengte een randje om met de *mooie kant naar buiten*.

Voor de rechthoek

1. Leg een witte kaart (kaart 1, blz. 70) van 13,8 x 9,5 cm met de achterkant naar je toe.
2. Teken de omtrek van de rechthoek op je kaart en snijd hem uit.
3. Zet een kopie van basisrechthoek model 1, blz. 12 en 72 met tape vast op je snijmat.
4. Leg de kaart met het gat precies op het model (je kijkt weer tegen de achterkant van de kaart aan) en zet de kaart vast op je snijmat met alleen links een paar stukjes schilderstape.
5. Kies vier enveloppen met verschillende motiefjes. Voor de kaart linksboven op bladzijde 70 zijn enveloppen in rood, blauw en grijs gebruikt.

6. Knip hiervan stroken van 2,5 cm breed en maak stapeltjes van kleur a, kleur b, kleur c en kleur d.
7. Vouw van elk strookje over de hele lengte een rand (± 7 mm) om met de mooie kant naar buiten.

Het IRISvouwen

Voor de vijfhoek

1. Neem één gevouwen strookje van kleur a en leg dit over vak 1 precies tegen de lijn van het model met de vouwkant *naar het midden*. Laat links en rechts 0,5 cm oversteken, de rest knip je af.
2. Plak het links en rechts op de kaart vast met een klein stukje plakband, blijf ± 0,5 cm van de kaart-zijkant.
3. Neem kleur b en leg het strookje op vak 2 van het model. Plak weer links en rechts vast.
4. Neem kleur c en leg op vak 3. Plak vast.
5. Neem kleur d, leg op vak 4 en plak vast.
6. Neem kleur e, leg op vak 5 en plak vast.
7. Je gaat verder met kleur a op 6 en kleur b op 7, kleur c op 8, kleur d op 9 en kleur e op 10. De strookjes op de vakken 1, 6, 11, 16, 21 en 26 van dit model hebben dus allemaal kleur a. De strookjes op 2, 7, 12, 17, 22 en 27 hebben kleur b; de strookjes op 3, 8, 13, 18, 23 en 28 hebben kleur c, de strookjes op 4, 9, 14, 19, 24 en 29 kleur d en de strookjes op 5, 10, 15, 20, 25 en 30 kleur e.

De afwerking
Na vak 30 haal je de kaart los. Op het centrum plak

je aan de achterkant een stukje holografisch papier. Plak dubbelzijdig plakband langs de kaartranden. Verwijder het beschermlaagje en bevestig dit werkstuk op de bruine kaart van 13,7 x 10,2 cm en daarna op de dubbele mango kaart. Gebruik geen lijm, want door alle papierstrookjes staat er druk op de kaart.

Voor het ovaal

1. Neem één gevouwen strookje van kleur a en leg dit over vak 1 precies tegen de lijn van het model met de vouwkant *naar het midden*. Laat links en rechts 0,5 cm extra oversteken, de rest knip je af. Daarbij steekt het strookje ook aan de onderkant iets over de rand van het model, zodat vak 1 helemaal bedekt is.
2. Plak het links en rechts op de kaart vast met een klein stukje plakband, blijf 0,5 cm van de kaartzijkant.
3. Neem kleur b en leg het strookje op vak 2 van het model. Plak weer links en rechts vast.
4. Neem kleur c en leg op vak 3. Plak vast.
5. Neem kleur d, leg op vak 4 en plak vast.
6. Je begint weer met kleur a op 5 en gaat door met kleur b op 6, kleur c op 7 en kleur d op 8. De strookjes op de vakken 1, 5, 9, 13 en 17 van dit model hebben dus allemaal kleur a. De strookjes op 2, 6, 10, 14 en 18 hebben allemaal kleur b; de strookjes op 3, 7, 11, 15 en 19 zijn van kleur c en de strookjes op 4, 8, 12, 16 en 20 worden bedekt met kleur d.

De afwerking

Na vak 20 haal je de kaart los. Op het centrum plak je aan de achterkant een stukje holografisch papier. Om de kaart af te werken kunnen ponsen, hoekscharen en geknipte toevoegingen van enveloppenpapier gebruikt worden. Bij deze kaart zijn de hoeken bewerkt met hoekpons Speer. Plak kleine stukjes dubbelzijdig plakband langs de randen. Verwijder het beschermlaagje en bevestig je werkstuk op een dubbele kaart. Gebruik geen lijm, want door alle papierstrookjes staat er druk op de kaart.

Voor de rechthoek

1. Neem één gevouwen strookje van kleur a en leg dit over vak 1 precies tegen de lijn van het model met de vouwkant *naar het midden*. Laat links en rechts 0,5 cm extra oversteken, de rest knip je af. Daarbij steekt het strookje ook aan de onderkant iets over de rand van het model, zodat vak 1 helemaal bedekt is.
2. Plak het links en rechts op de kaart vast met een klein stukje plakband, blijf daarbij 0,5 cm van de kaartzijkant.
3. Neem kleur b en leg het strookje op vak 2 van het model. Plak weer links en rechts vast.
4. Neem kleur c en leg op vak 3. Plak vast.
5. Neem kleur d, leg op vak 4 en plak vast.
6. Je begint weer met kleur a op 5 en gaat door met kleur b op 6, kleur c op 7 en kleur d op 8. De strookjes op de vakken 1, 5, 9, 13, 17 en 21 van dit model hebben dus allemaal kleur a.

De strookjes op 2, 6, 10, 14, 18 en 22 hebben allemaal kleur b; de strookjes op 3, 7, 11, 15, 19 en 23 zijn van kleur c en de strookjes op 4, 8, 12, 16, 20 en 24 worden bedekt met kleur d.

De afwerking

Na vak 24 haal je de kaart los. Op het centrum plak je aan de achterkant een stukje holografisch papier. Om de kaart af te werken kunnen ponsen, hoek-scharen, embossingstencils e.d. gebruikt worden. Plak kleine stukjes dubbelzijdig plakband langs de randen. Verwijder het beschermlaagje en bevestig je werkstuk op een dubbele kaart. Gebruik geen lijm, want door alle papierstrookjes staat er druk op de kaart.

Embossen

Om te embossen plaats je het stencil op de goede kant van je kaart. Zet het vast met schilderstape. Leg de kaart (met het stencil) ondersteboven op de lichtbak. Duw met de embossingpen het papier voorzichtig door de opening van het stencil. Je hoeft alleen maar langs de randen te duwen om de hele afbeelding bol te krijgen.

Tekststrookjes verwerken

Snijd het tekstvel A4 in vier delen. Neem het deel dat mooi past bij het overige papier. Sla de eerste tekstregel over en snijd de tweede horizontaal door-midden. De derde tekstregel sla je over en de vierde snijd je weer door. Zo ontstaan ± 1,6 cm brede strookjes, die je gebruikt in plaats van een groepje enveloppenstrookjes. Bij verwerking *bovenin* een model vouw je het kleurrandje *onder* de tekst om. Voor een kaarsrechte vouw trek je aan de achterkant van het strookje een rillijn langs een liniaal.

Glitterstrookjes verwerken

Vouw van strookjes holografisch papier een smal randje om en voeg toe aan de enveloppenstrookjes. Op de kaart plak je eerst het strookje enveloppen-papier tegen de stippellijn van het vak. Direct er overheen leg je een strookje holografisch papier met de vouw tegen de gesloten lijn van dat vak en je plakt het ook vast. Bij de modellen met stippellijnen worden dus glitterstrookjes toegevoegd.

Kniptips

1. Trek de strik over op de achterkant van een stuk papier. Leg er net zo'n groot stuk papier met een andere kleur andersom achter, niet ze vast en knip uit: twee verschillende strikken!
2. Voor het bedekken van grote vakken leg je er een stuk papier royaal overheen en knip je de kant van het model precies in vorm.
3. Neem voor dubbele vormen de tekening over op één kant van het papier. Vouw dubbel over de stippellijn, niet vast en knip uit.

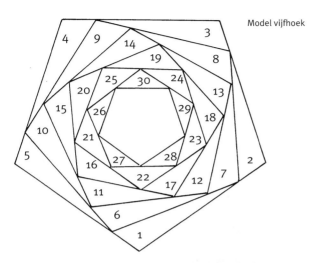

Model vijfhoek

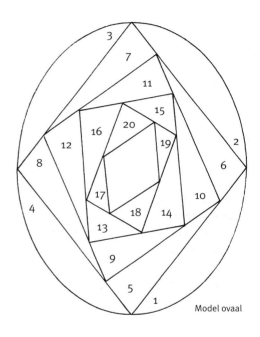

Model ovaal

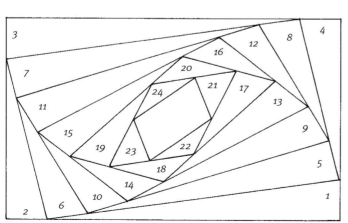

Model rechthoek

Materialen

Kaarten maken
- ❏ *kaartenkarton Canson Mi-Teintes (C),*
  Artoz (A) en Papicolor (P)
- ❏ *tussenvellen van gekleurd papier*
- ❏ *IRISvouw wensvellen*
- ❏ *IRISvouw tekststickers*
- ❏ *vellum*
- ❏ *Eurobiljetten*
- ❏ *snijmesje*
- ❏ *snijmat*
- ❏ *liniaal met metalen snijrand (Securit)*
- ❏ *plakband*
- ❏ *dubbelzijdig plakband*
- ❏ *schilderstape*
- ❏ *splitpennen*
- ❏ *diverse ponsen (TomTas, Make me!, Media,*
  Carl, Picture Punch)
- ❏ *randornament ponsen (Fiskars)*
- ❏ *hoekponsen (Fiskars, Reuser, TomTas, Carl)*
- ❏ *3-in-1 hoekponsen (Fiskars)*
- ❏ *multihoekpons (Reuser)*
- ❏ *ponstang met verwisselbare figuren (TomTas)*
- ❏ *gaatjestang*
- ❏ *schaar en silhouetschaartje*
- ❏ *hoekscharen (Fiskars)*
- ❏ *fotolijm*
- ❏ *ribblemaster*
- ❏ *embossingpen*
- ❏ *diverse embossingstencils*
  (Avec, Linda Design, Make Me!)
- ❏ *lichtbak*

- ❏ *gelpen*
- ❏ *ovale Coluzzle mal, snijmat en zwenkmesje*

Het IRISvouwen
- ❏ *strookjes van gebruikte enveloppen*
- ❏ *IRISvouwpapier, wordt vermeld als IVpapier*
- ❏ *origamipapier*
- ❏ *IRISvouw tekst- en wensvellen*
- ❏ *decotape*
- ❏ *holografisch papier*

Het centrum
- ❏ *decotape*
- ❏ *holografisch papier*
- ❏ *origamipapier*

De modellen
De modellen voor alle kaarten staan op ware grootte in dit boek. Neem de omtrek over met de lichtbak of gebruik de doorzichtige plastic IRISvouw-tekenmal, formaat A4 met zes modellen. Over het algemeen zijn de vormen goed zelf uit de kaart te snijden of te knippen. Voor het mandje, de taart, de roos en de kerstbal, de krokus, de geboortelepel, de vis, de gieter, de 2CV en de Griekse vaas, de peer, de koffiepot, de pegel en de kerstspar zijn speciale gestanste kaarten verkrijgbaar.

Vijfhoek

1. Snijd de vijfhoek uit de achterkant van de enkele kaart.

2. Snijd het IRISvouwpapier in strookjes en vouw een randje om. Zet het model op je snijmat vast, leg de kaart erop en zet links vast.

3. Leg de strookjes precies tegen de lijn en zet ze links en rechts met plakband vast. Klap de kaart af en toe open om te kijken of de motiefjes mooi doorlopen.

Ovaal

1. Snijd het ovaal uit de achterkant van de enkele kaart. Snijd de enveloppen en wens-vellen in strookjes en vouw een randje om.

2. Zet het model op je snijmat vast, leg de kaart er ondersteboven op en zet links vast. Leg de strookjes precies tegen de lijn en zet ze links en rechts met plakband vast.

3. Klap de kaart tussendoor open om te kijken of de motiefjes mooi doorlopen. Zo is de kaart af!

Rechthoek

1. De binnenkanten van een deel van onze vierhonderd enveloppen!

2. Snijd de rechthoek uit de achterkant van de enkele kaart. Snijd de enveloppen in strookjes en vouw een randje om.

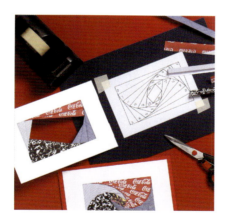

3. Zet het model op je snijmat vast, leg de kaart erop en zet links vast. Leg de strookjes precies tegen de lijn en zet ze links en rechts met plakband vast.

4. Klap de kaart tussendoor open om te kijken of de motiefjes mooi doorlopen.

Kaarten gebaseerd op de vijfhoek

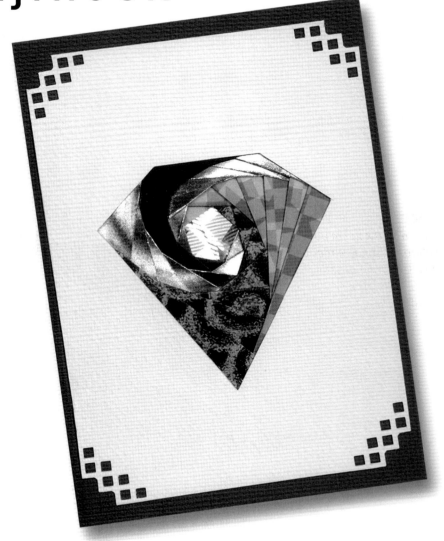

Vijfhoeken

Sprankelende kleuren
uit de 8 nieuwe setjes
IRISvouwpapier.

*Volg voor alle kaarten de werkwijze van de
basisvijfhoek (zie Technieken). Draai bij de
kaarten 1, 5, 6 en 8 de punt van de vijfhoek
naar rechts tot de onderkant horizontaal ligt.*

Kaart 1

*Karton 14,8 x 21 cm purper P13 en 13,4 x 9,4 cm
lichtroze C103 • Model 1 • 2 cm brede strookjes van
5 vellen IVpapier setje paars • Holografisch papier
zilver • Hoekschaar Diamant*
Snijd de vijfhoek uit de kleine kaart en pons de
hoeken.

Kaart 2

*Karton 14,8 x 21 cm groen A309 en 13,8 x 9,5 cm
zilvergrijs P02 • Model 1 • 2 cm brede strookjes van
5 vellen IVpapier setje groen • Holografisch papier
zilver • Hoekschaar Art Deco*
Snijd de vijfhoek uit de kleine kaart. Bewerk de
hoeken met de hoekschaar.

Kaart 3, basismodel

Karton 14,8 x 21 cm mango A575, 13,7 x 10,2 cm
*havanna C502 en 13,1 x 9,7 cm citroengeel C101
• Model 1 • 2 cm brede strookjes van 5 vellen
IVpapier setje oranje • Holografisch papier goud
• Hoekpons Diamant*

Kaart 4

*Karton 14,8 x 21 cm, 13,5 x 9,5 cm lichtblauw C102
en 14 x 10 cm lazuurblauw C590 • Model 1
• 2 cm brede strookjes van 5 vellen IVpapier setje
blauw • Holografisch papier zilver • Hoekschaar
Regal*

Kaart 5

Karton 14,8 x 21 cm donkerkastanje C501 en 12,3 x
9,5 cm wit C335 • 13,2 x 9,8 cm IVpapier oker uit
setje geel • Model 1 • 2 cm brede strookjes van
5 vellen IVpapier setje geel • Holografisch papier
goud • Hoekschaar Art Deco

Kaart 6

Karton 14,8 x 21 cm turkoois P32 en 13,5 x 9,5 cm
parelgrijs C120 • 14 x 10 cm IVpapier setje aqua
• Model 1 • 2 cm brede strookjes van 5 vellen
IVpapier setje aqua • Holografisch papier zilver
• Hoekpons Diamant

Kaart 7

Karton 14,8 x 21 cm en 13,8 x 9,5 cm lichtroze C103
• 13,8 x 9,5 cm papier rood A519 • Model 1 • 2 cm
brede strookjes van 5 vellen IVpapier setje rood
• Holografisch papier zilver • Hoekschaar Art Deco

Kaart 8

Karton 14,8 x 21 cm pastelgroen A331, 14,2 x 9,7 cm
donkergroen A309 en 13,7 x 9,5 cm wit C335
• Model 1 • 2 cm brede strookjes van 5 vellen
IVpapier setje petrol • Holografisch papier zilver
• Hoekpons Diamant

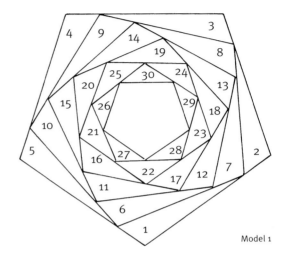

Model 1

Spelen met vijfhoeken

Gefeliciteerd met je

nieuwe woning!

Alle woningen worden gemaakt volgens de beschrijving bij kaart 1.

Kaart 1

Karton 14,8 x 21 cm zalm C384 en 14 x 9,6 cm wit • Model 2 • 2 cm brede strookjes van 5 enveloppen in rood/paars/oranje/grijs o.a. van Telfort en gemeente Nijmegen • 5 x 7 cm papier grijs voor het dak • Holografisch papier zilver • Tekststickers • Hoekpons Carl

Snijd de woning zonder dak uit de kleine kaart en pons de hoeken. Vul het model volgens de basistechniek. Knip dak en schoorsteen uit het stukje papier en plak het op samen met de tekststickers.

Kaart 2

Karton 14,8 x 21 cm warm geel C553 en 13,8 x 9,5 cm wit C335 • Model 2 • 2 cm brede strookjes van 5 vellen IVpapier setje oranje • 5 x 7 cm IVpapier bruin voor het dak • Holografisch papier goud • Gelpen brons • Multihoekpons

Kaart 3

Karton 14,8 x 21 cm geelroze C350 en 13,8 x 9,5 cm groen A339 • Model 2 • 5 groepjes van 2 cm brede

strookjes van 3 enveloppen in bruin, grijs en roze o.a. van ROC Utrecht • 5 x 7 cm papier grijs voor het dak • Holografisch papier goud • Tekststicker • 3-in-1 hoekpons Leaves

Model 2

Kaart 4

Karton 14,8 x 21 cm kastanjebruin C501 en 13,8 x 9,5 cm beige • Model 2 • 2 cm brede strookjes van 2 vellen IVpapier setje oranje en van 3 enveloppen in blauw en bruin o.a. van Cadans en Anova • 5 x 7 cm IVpapier bruin voor het dak • Holografisch papier goud • Tekststicker • Gelpen • 3-in-1 hoekpons Flowers

Kaart 5

Karton 14,8 x 21 cm rode aarde C130 en 13,8 x 9,5 cm wit C335 • Model 2 • 2 cm brede strookjes van 5 vellen IVpapier setje oranje • 5 x 7 cm papier bruin voor het dak • Holografisch papier goud • Tekststicker • Gelpen brons • Multihoekpons

Kaart 6

Karton 14,8 x 21 cm donkergroen A309 en 13,3 x 9,5 wit C335 • Model 2 • 2 cm brede strookjes van 5 vellen IVpapier setje petrol • 5 x 7 cm IVpapier petrol voor het dak • Tekststicker • Handpons gras • Randornament pons Golf

Duo en diamant

Huwelijksfeest, samenwonen,
trouwpartij, daar hoort een
kaartje bij!

*De duo wordt gemaakt volgens de
beschrijving van kaart 1, de diamant volgens
kaart 3.*

Kaart 1

*Karton 14,8 x 21 cm roest C504, 13,7 x 9,8 cm wijn-
rood C503 en 13,4 x 9,4 cm anjerwit P03 • Model 3
• 2 cm brede strookjes van 3 vellen IVpapier setje
rood • Decotape koperkleur • Multihoekpons*
Snijd de driehoeken uit de kleine kaart en pons
twee hoeken.

Kaart 2

*Karton 14,8 x 21 cm steenrood C505 en 13,8 x 9,5 cm
wit • Model 3 • 2 cm brede strookjes van 1 vel
IVpapier setje rood en 2 enveloppen in paars en
rood o.a. van pakketpost • Holografisch papier
zilver • Randornament pons Diamant*

Kaart 3

*Karton 13 x 26 cm dennengroen A339, 12,3 x 12,3 cm
donkerblauw A417 en 10,8 x 10,8 cm wit • Model 4
• 2 cm brede strookjes van 3 vellen IVpapier setjes
blauw en groen en 2 blauwe enveloppen o.a. van
Triodosbank • Decotape zilver • Mozaïekpons Bloem*

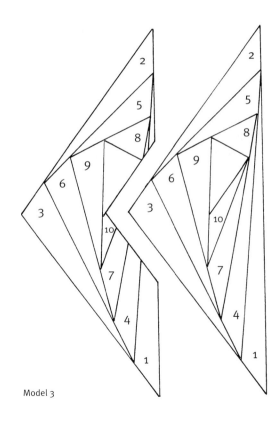

Model 3

Kaart 4

Karton 13 x 26 cm donkerrood en 12 x 12 cm wit
• 12,4 x 12,4 cm papier roze • Model 4 • 2 cm brede
strookjes van 4 vellen IVpapier setjes blauw, paars
en rood • 1,6 cm brede strookjes van wensvel rood
• Holografisch papier zilver • Randornament pons
Hart

Kaart 5

Karton 13 x 26 cm donkerblauw A417, 12,4 x 12,4 cm
biljartgroen en 11,8 x 13 cm wit • Model 4 • 2 cm
brede strookjes van 5 vellen IVpapier setjes blauw,
groen en petrol • Holografisch papier zilver
• Randornament pons Diamant
Snijd de diamant midden uit de witte kaart en
bewerk de zijkanten met de randornament pons.

Kaart 6

Karton 14,8 x 21 cm en 11,5 x 9 cm wit en 12,8 x
9,4 cm koningsblauw A427 • 13,6 x 9,7 cm IVpapier
blauw • Model 4 • 2 cm brede strookjes van 1 vel
IVpapier blauw, 3 blauwe enveloppen o.a. van Sité
Woondiensten en IVwensvel blauw • Holografisch
papier zilver • 3-in-1 hoekpons Celestial

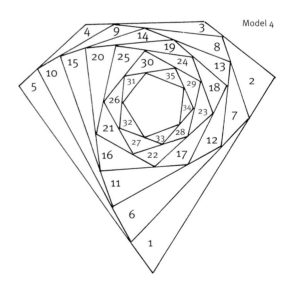

Model 4

Mandjes

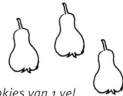

Een mand vol bloemen,

vruchten of goede wensen.

De mand wordt gemaakt volgens de beschrijving bij kaart 1.

• *4 groepjes van 2 cm brede strookjes van 1 vel IVpapier setje groen en 2 enveloppen in groen/bruin* • *Holografisch papier goud* • *Pons Bloem* • *Mini afstandpons Blaadje* • *3 glas jewels Ornare (MD)*

Kaart 1

Karton 14,8 x 21 cm roestbruin en 13,8 x 9,5 cm wit • *Model 5* • *2 cm brede strookjes van 4 vellen IVpapier setje oranje* • *Holografisch papier goud* • *2 x 3 cm IVpapier brons uit setje geel* • *3-in-1 hoekpons Celestial*

Snijd de mand uit de witte kaart en pons de bovenste hoeken. Vul de mand met de strookjes. Knip uit één van de strookjes bruin papier het hengsel. Knip uit brons papier drie peertjes. Plak alles om de mand.

Kaart 2

Karton 14,8 x 21 cm kerstgroen P18 en 14,3 x 9,8 cm parelgrijs C120 • *Model 5* • *2 cm brede strookjes van 4 vellen IVpapier setje groen* • *Holografisch papier goud* • *Bloemetjes uit 3-in-1 hoekpons Flowers* • *Figuurpons Takje* • *Pons Aziatische bloem*

Kaart 3

Karton 14,8 x 21 cm groen, 13,8 x 9,6 cm roomwit A241 en 13,5 x 9,4 cm leverbruin • *Model 5*

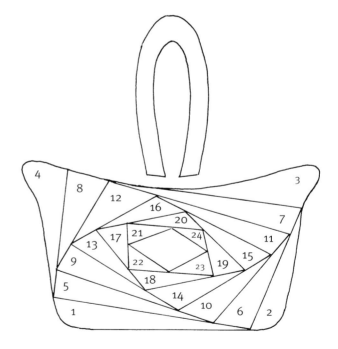

Model 5

Kaart 4

Karton 14,8 x 21 cm groen A309, 14,1 x 10 cm room-wit A241 en 13,5 x 9,6 cm honinggeel A243 • Model 5 • 2 cm brede strookjes van 1 vel IVpapier setje geel en 3 enveloppen in geel/groen o.a.van

Inholland en energiemaatschappij • Holografisch papier goud • Tekststicker • Appeltjes uit de pons • Hoekpons Appel

Kaart 5

Karton 14,8 x 21 cm nootbruin P39 en 13,4 x 9,6 cm roomwit Firenze • Model 5 • 4 groepjes van 2 cm brede strookjes van 3 vellen IVpapier setje oranje • 2 x 3 cm IVpapier brons voor peertjes • Holografisch papier goud • Hoekpons Lelie

Kaart 6

Karton 14,8 x 21 cm roestbruin en 13,8 x 9,5 cm wit • Model 5 • 2 cm brede strookjes van 2 vellen IVpapier setje geel en 2 bruine enveloppen o.a. van Anova • Decotape goud • Paddestoeltjes uit de handpons • Randornament pons Blaadjes Bewerk de bovenste hoeken van de witte kaart met een deel van de randornament pons en snijd de mand uit.

Kaart 7

Karton 14,8 x 21 cm groen en 14,8 x 9,9 cm roomwit A241 • Model 5 • 2 cm brede strookjes van 2 vellen IVpapier setje groen en 2 groene enveloppen o.a, van ICTbedrijf • Holografisch papier groen • Tekststicker • Randornament pons Blaadjes • Ponstang klimop

Taart

Zonder taart is een feest

niet compleet.

*Alle kaarten worden gemaakt volgens
de beschrijving bij kaart 1.*

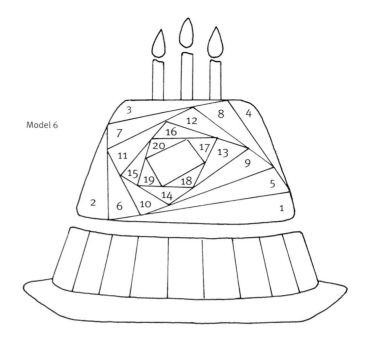

Model 6

Kaart 1
*Karton 13 x 26 cm vuurrood A549, 12,2 x 12,2 cm
geelroze C350 en 11,4 x 11,4 cm leliewit C110 •
Model 6 • 2 cm brede strookjes van 4 vellen
IVpapier setjes rood en oranje • Holografisch papier
oranje • Mozaïekpons Bloem • Handponstang
Druppel • Afstandspons Blaadje*
Snijd de beide taartdelen uit de kleine kaart en
pons de bovenste hoeken. Vul de bovenste taarthelft en daarna de onderkant met de 'lange
vingers'. Trek de schotel met de lichtbak over op
oranje papier, knip uit en plak onder de taart.
Plak aan de voorkant de blaadjes op de tussen-
strook en de 0,3 cm brede kaarsjes met vlammetjes
bovenop.

Kaart 2
*Karton 13 x 26 cm siennageel C374, 12,2 x 12,2 cm
metallic brons P144 en 11,5 x 11,5 cm wit C335
• Model 6 • 2 cm brede strookjes van 4 vellen
IVpapier setjes geel en oranje • Holografisch papier
goud • Hoekpons 3-in-1 Lace*

Kaart 3
*Karton 13 x 26 cm zonnegeel A247 en 12 x 12 cm
wit • Model 6 • 2 cm brede strookjes van 4 enveloppen in geel en rood o.a. van verzekering, energiemaatschappij en Plan Nederland • Decotape goud
• Handponstang Druppel • Gaatjestang
• Randornament pons Blaadjes*

Kaart 4
*Karton 13 x 26 cm irisblauw P31 en 11,7 x 11,7 cm wit
• Model 6 • 2 cm brede strookjes van 4 vellen
IVpapier setje paars • 2,5 x 8 cm IVpapier paars voor
onderste taarthelft • Decotape zilver • Sterretjes
uit de ponstang • Hoekpons Victoriaan voor top
• Vlag uit wensvel blauw • 3-in-1 hoekpons Celestial*
Pons de bovenste hoeken van de witte kaart en vul
eerst de onderste taarthelft.

Roos

"Roosje en vergeet-me-niet

zijn de beste gaven".

De rozen zijn op twee verschillende manieren gevuld. Kaart 2, 4 en 5 gaan met model 7a op de gewone IRISvouwmanier; kaart 1, 3 en 6 gaan met model 7b op de cirkelmanier. Let goed op de nummering!

Kaart 1

Karton 14,8 x 21 cm oranjebruin en 13,8 x 9,5 cm ivoorwit • Model 7b • 2 cm brede strookjes van 7 tinten origamipapier oranje • Papier 6 x 6 cm groen voor steel en blad • Holografisch papier oranje • Tekststicker • Hoekschaar Celestial
Snijd de bloem uit de witte kaart en bewerk de bovenste hoeken met de hoekschaar. Neem de strookjes met de donkerste tint oranje en vul daar alle vakjes 1 mee. Je gaat dus helemaal rond met dezelfde kleur. Neem voor alle vakjes 2 de strookjes met een tint lichter, enz. Knip steel en blad uit groen papier en plak ze onder de roos samen met de tekststicker.

Kaart 2

Karton 14,8 x 21 cm rood en 13,8 x 9,5 cm wit • Model 7a • 2 cm brede strookjes van 5 vellen IVpapier setje rood • 6 x 6 cm IVpapier uit setje

groen voor steel en blad • Holografisch papier rood
Snijd de bloem uit de witte kaart. Vul dit model als het basismodel.

Model 7a

Kaart 3

Karton 14,8 x 21 cm rood A517 en 14,2 x 9,7 cm lichtroze C103 • Model 7b • 7 groepjes van 2 cm brede
strookjes van 2 vellen IVpapier setje rood en 3 rode
enveloppen • 6 x 6 cm papier groen voor steel en
blad • Holografisch papier rood • Embossingmal
hoekjes en randjes
Snijd de bloem uit de lichtroze kaart, embos de
bovenkant en snijd kleine delen open.

Kaart 4

Karton 14,8 x 21 cm en 13,8 x 9 cm wit • 14,2 x
9,6 cm IVpapier groen • Model 7a • 2 cm brede
strookjes van 5 vellen IVpapier setje oranje
• 6 x 6 cm IVpapier uit setje groen voor blad en
steel • Decotape goud • Multihoekpons

Kaart 5

Karton 14,8 x 21 cm purper P13 en 13 x 9,1 cm roomwit C103 • 13,6 x 9,7 cm IVpapier roze uit setje paars
• Model 7a • 2 cm brede strookjes van 5 vellen
IVpapier setje paars • 6 x 6 cm IVpapier groen uit
setje aqua voor steel en blad • Holografisch papier
lila • Tekststicker

Kaart 6

Karton 14,8 x 21 cm wit C335 en 14,8 x 10,3 cm
metallic brons P144 afdekkaart • Model 7b
• 7 groepjes van 2 cm brede strookjes van IVpapier
setje geel en gele enveloppen • 6 x 6 cm IVpapier
petrol voor steel en blad • Decotape goud

Model 7b

• Embossingmal hoekjes en randjes (MD)
Snijd de roos uit de linker binnenkant van
de dubbele kaart. Embos de rand en snijd
de hoekjes uit.

Sparretje

Grote variaties met een

kleine spar.

Kaart 1

*Karton 14,8 x 21 cm kerstgroen P18 en 14 x 9,7 cm
wit • Model 8 • 1,5 cm brede strookjes van 3 vellen
IVpapier setje groen • Holografisch papier goud
• Embossing stencils sterren, boompjes en kerst
• Aquarel potlood groen en goud*
Snijd het sparretje uit de achterkant van de witte
kaart en embos sterren, sparren en tekst. Vul het
model met de strookjes.

Kaart 2

*Karton 14,8 x 21 cm wit en 13,4 x 9,5 cm groen
• Model 8 • 1,5 cm brede strookjes van 3 grijswitte
enveloppen o.a. van voetbalclub • 10 x 6 cm kerst-
vellum • 0,7 cm brede IVtekststrookjes groen
• Holografisch papier zilver*
Deel het vellum diagonaal door midden en teken de
schuine lijnen op de groene kaart. Snijd de sparretjes uit de tussenliggende baan. Na het IRISvouwen
plak je vellum en tekststrookjes op.

Kaart 3

*Karton 14,8 x 21 cm en 3 stroken van 9,3 x 1 cm
kerstgroen P18; 13,3 x 9,3 cm wit • Model 8 • 1,5 cm
brede strookjes van 3 vellen IVpapier setje petrol
• Holografisch papier zilver • Spirelli 6,5 cm ø met*

*zilverdraad • Sterren uit hoekpons Ster • Fotohoek
figuurpons Spar*

Kaart 4

*Karton 14,8 x 21 cm wit; 14,8 x 10,3 cm en 14,8 x
9 cm metallic groen P143 • Model 8 • 1,5 cm brede
strookjes van 3 vellen IVpapier setje petrol
• Decotape goud • Ornare mal Hulst (MD)*
Leg de Ornare mal aan de binnenkant van de witte
kaart en prik de hulst. IRISvouw het sparretje.
Plak de kleinste groene kaart er achter en snijd op
de helft in vorm. Prik in de andere groene kaart de
hulst en plak op de witte kaarthelft rechts.

Kaart 5

*Karton 13 x 26 cm en 8,8 x 8,8 cm wit; 10,8 x 10,8 cm
metallic groen P143 • Model 8 • 1,5 cm brede
strookjes van 3 vellen IVpapier setje petrol
• Holografisch papier goud • Stempel Kerst
• Stempelkussen zwart • Reliëfpoeder goud*
Snijd de spar uit de kleinste kaart en vul met
strookjes. Maak de stempelafdruk er omheen.
Strooi het poeder op de natte afdruk. Klop overtollig
poeder af. Verwarm de kaart b.v. boven een brood-
rooster tot de afdruk iets omhoog komt en gaat
glanzen.

Kaart 6

*Karton 13 x 26 cm en 6 x 4,2 cm wit; 12,5 x 5 cm en
13 x 0,3 cm kerstgroen P18 • Model 8 • 1,5 cm brede
strookjes van 3 vellen IVpapier setje petrol*

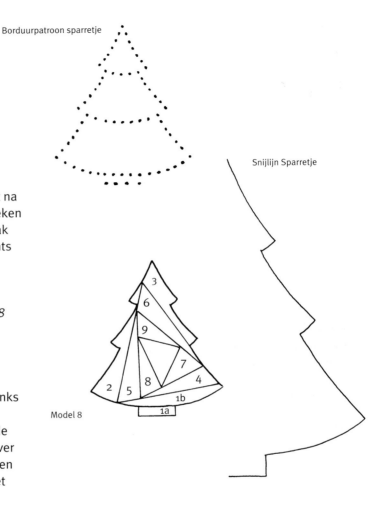

Borduurpatroon sparretje

Snijlijn Sparretje

Model 8

• *Holografisch papier zilver* • *Embossing stencil Dorpje* • *Fotohoek figuurpons Spar*
Snijd de spar uit het kleine witte kaartje. Plak dit na het IRISvouwen op de groene kaart. Pons de hoeken rechts van de voorkant van de dubbele kaart. Plak de smalle strook links en het groene kaartje rechts op en steek de hoeken in de fotohoekjes.

Kaart 7

Karton 13 x 26 cm en 12,5 x 12,5 cm wit • Model 8
• 1,5 cm brede strookjes van 3 vellen IVpapier setje groen • Borduurpatroon sparretje
• Borduurgaren goud en 14 kraaltjes goudkleur
• Decotape goud
Maak aan de binnenkant van de dubbele kaart links met potlood vier vakjes van 6 x 6 cm met 0,3 cm tussenruimte. Snijd linksboven en rechtsonder de sparren uit en vul ze. Neem het borduurmodel over op de andere vakjes, borduur met steelsteekjes en naai de kraaltjes vast. Markeer de vakranden met borduurgaren. Werk af met de kleine kaart.

Kaart 8

Karton 13 x 26 cm en driehoek 9,5 x 9,5 x 13,4 cm wit; 11,2 x 12,3 cm kerstgroen P18 • Model 8 • 1,5 cm brede strookjes van 3 vellen IVpapier setje petrol
• Holografisch papier zilver • Spirelli 6 cm ø met zilverdraad • Fotohoek figuurpons Spar

Maak de spar in de witte driehoek. Pons de groene kaart onderaan rechts. Bevestig de kaarten op elkaar. Plak de sparretjes op het Spirelli-stansje, omwikkel met het draad en lijm vast. Maak een apart wit fotohoekje links boven en versier met sparretjes uit de fotohoek figuurpons.

Kometen en kerstballen

Bij kometen en vallende

sterren mag je een wens doen!

*De komeet wordt gemaakt volgens de
beschrijving bij kaart 1; de kerstbal volgens
kaart 4.*

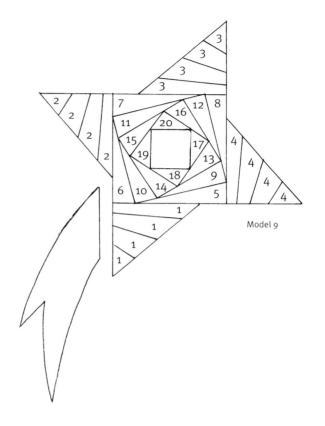

Model 9

Kaart 1

*Karton 14,8 x 21 cm geel R67 en 14,3 x 9,7 cm iris-
blauw P31 • Model 9 • 2 cm brede strookjes van
1 vel IVpapier goud uit setje rood, 2 gele enveloppen en IVtekstvel blauw • Holografisch papier goud
• Sterren uit 3-in-1 hoekpons Celestial • Hoekpons
Ster*
Snijd de ster, niet de staart, uit de blauwe kaart
en pons de hoeken. Knip na het IRISvouwen
twee staarten en plak ze samen met losse sterren
op.

Kaart 2

*Karton 14,8 x 21 cm ijsblauw P42 en 12,8 x 9,2 cm
koningsblauw A427 • Model 9 • 2 cm brede strookjes van 4 vellen IVpapier setjes blauw, aqua en
paars • Holografisch papier zilver • 3-in-1 hoekpons
Celestial*

Kaart 3

*Karton 14,8 x 21 cm violet P20 en 13,8 x 9 cm
donkerblauw A417 • Model 9 • 2 cm brede strookjes
van 1 vel IVpapier setje geel, 2 enveloppen in geel
en paars en IVtekstvel blauw • Holografisch papier
zilver*

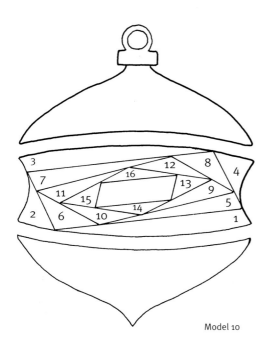

Model 10

1/2 ophangoogje

Kaart 5

Karton 13 x 26 cm wit en 10 x 10 cm paars P46 • 11,2 x 11,2 cm IVpapier de luxe zilver • Model 10 • 2 cm brede strookjes van 3 vellen IVpapier setje paars en 1 vel IVpapier de luxe zilver • 6 x 7 cm IVpapier de luxe zilver voor boven- en onderkant • Holografisch papier zilver

Kaart 6

Karton 13 x 26 cm purper P13, 12,5 x 12,5 cm paars P46 en 11,5 x 11,5 cm wit • Model 10 • 4 groepjes van 2 cm brede strookjes van 3 vellen IVpapier setje paars • 6 x 7 cm holografisch papier paars voor boven- en onderkant • Holografisch papier zilver voor centrum en haakje • Fotohoek figuurpons Ster

Kaart 7

Karton 14,8 x 21 cm en 13,8 x 9,4 cm wit • 13,3 x 9,7 cm IVpapier setje paars • Model 10 • 2 cm brede strookjes van 4 vellen IVpapier setje paars • 6 x 7 cm IVpapier setje paars voor boven- en onderkant • Holografisch papier zilver • Ophangkoordje van garen • Randornament pons Hulst

Kaart 4

Karton 13 x 26 cm irisblauw P31 en 12 x 12 cm wit • Model 10 • 4 groepjes van 2 cm brede strookjes van 2 vellen IVpapier setje paars • 6 x 7 cm IVpapier paars voor boven- en onderkant • Holografisch papier zilver • Randornament pons Ster
Knip 0,3 x 0,3 cm van de hoeken van de witte kaart af en pons de sterren uit. Bedek eerst boven- en onderkant van de bal en vul dan het middendeel met de strookjes. Knip een ophangoogje en plak het samen met de sterretjes op.

Kaarten gebaseerd op ovalen

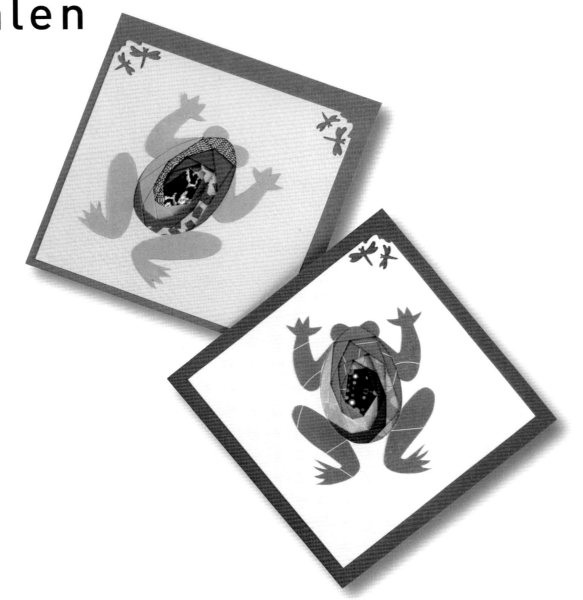

Ovalen

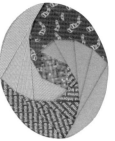

Oogstrelende kleuren gevangen

in een klassiek ovaal met

speciale hoekbewerking.

Volg voor alle kaarten de werkwijze van het basisovaal 8 x 6 cm (zie Technieken, blz. 8).

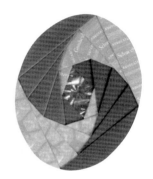

Kaart 1

Karton 14,8 x 21 cm blauw P31 en 13,8 x 9,5 cm parelgrijs C120 • Model 1 • 2 cm brede strookjes van 4 verschillende blauwe enveloppen o.a. van gemeenten Hoorn en Dordrecht • 10 x 8 cm papier blauw • Holografisch papier zilver • Ovale Coluzzle mal • Figuurschaar Mini scallop • Mozaïekpons Kunst

Bewerk de hoeken van de kleine kaart met de mozaïekpons, snijd het ovaal uit en vul het met de strookjes. Snijd dan een ovaal van 8 x 6 cm weg uit het vel enveloppenpapier, vouw de buitenkant 2 x dubbel en zet vast met nietjes. Teken op 0,6 cm een lijn volgens tekening (blz. 45) en knip met de tandjes van de figuurschaar over de lijn. Plak het lijstje om het IRISvouw ovaal.

Kaart 2

Karton 14,8 x 21 cm petrol en 13,8 x 9,5 cm wit • Model 1 • 2 cm brede strookjes van 4 blauwgroene

enveloppen o.a. van Ministerie en Arbo • Decotape zilver • Mozaïekpons Bloem

Kaart 3

Karton 14,8 x 21 cm zachtblauw C102 en 13,5 x 9,4 cm zeegroen • Model 1 • 2 cm brede strookjes van 3 enveloppen in groen/blauw o.a. van Intomart bv • 1,6 cm brede strookjes van wensvel blauw • Tekststicker • Holografisch papier zilver • Ovale Coluzzle mal • 3-in-1 hoekpons Lace

Plak de tekststicker op enveloppenpapier en knip 1 mm groter uit.

Kaart 4

Karton 14,8 x 21 cm donkerblauw en 13,8 x 9,5 cm lila C104 • Model 1 • 2 cm brede strookjes van

3 enveloppen in blauw en grijs o.a. van TNO • 1,6 cm brede strookjes van wensvel blauw • Holografisch papier zilver • Ovale Coluzzle mal • Mozaïekpons Cirkel

Pons de hoeken van de lila kaart met een kwart van het motief van de mozaïekpons. Knip na het IRISvouwen vier blauwe slingers en plak ze om het ovaal.

Kaart 5

Karton 14,8 x 21 cm lichtblauw C102 en 13,7 x 9,2 cm indigoblauw C140 • Model 1 • 2 cm brede strookjes van 4 zeegroene enveloppen • 14,2 x 9,7 cm tussen-vel papier turkoois • Holografisch papier zilver • Ovale Coluzzle mal • Mozaïekpons Speer

Kaart 6

Karton 14,8 x 21 cm zeegroen en 13,8 x 9,5 cm gebroken wit C335 • Model 1 • 2 cm brede strookjes van 4 blauw/groene enveloppen o.a.van advocaten-kantoor • Holografisch papier zilver • Ovale Coluzzle mal • Mozaïekpons Speer

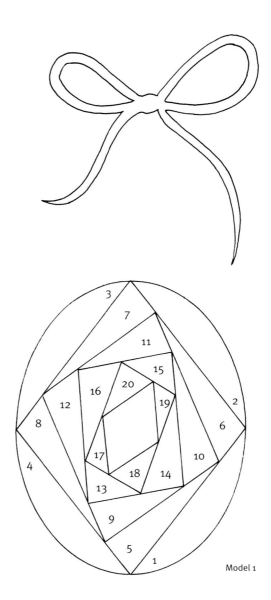

Model 1

Spelen met ovalen

Een exotische fruitkaart en een kaart om het 'heen en weer' van te krijgen!

De ananaskaarten worden gemaakt volgens kaart 1; de grote ovalen volgens kaart 5.

Kaart 1

Karton 14,8 x 21 cm mango A575 en 13,8 x 9,5 cm embossed champagne Primavera • Model 2 • 2 cm brede strookjes van 4 oranje/bruine enveloppen • 5 x 5 cm papier groen en oranje voor blad • Tekststicker • Holografisch papier goud • Ovale Coluzzle mal • Hoekschaar Nostalgia
Pons de hoeken van de kleine kaart en snijd het ovaaltje 6,6 x 4,8 cm uit. Plak de twee bosjes bladeren verschoven op.

Kaart 2

Karton 14,8 x 21 cm en 14,3 x 8,5 cm zachtgeel • 14,3 x 9,2 tussenvel papier groen • Model 2 • 2 cm brede strookjes van 4 enveloppen in groen en geel • 5 x 5 cm papier leverkleur voor blad • Tekststicker • Decotape goud • Ovale Coluzzle mal

Kaart 3

Karton 14,8 x 21 cm anjerwit P03 en 13,8 x 8,5 cm zalmbeige C384 • 14,2 x 9,8 cm tussenvel papier groen • Model 2 • 2 cm brede strookjes van 4 beige/gele enveloppen • 5 x 5 cm papier beige voor blad • Holografisch papier goud • Ovale Coluzzle mal • Hoekschaar Regal • Randfiguurpons Kant

Kaart 4

Karton 14,8 x 21 cm appelgroen C475, 14 x 9,8 cm botergeel C400 en 13,5 x 8,8 cm embossed beige Firenze • Model 2 • 2 cm brede strookjes van 4 enveloppen in groen en oranje • 5 x 5 cm papier oranje en groen voor blad • Decotape goud • Ovale Coluzzle mal

Kaart 5

Karton 14,8 x 21 cm zalm R64 stanskaart ovaal en 14,5 x 10 cm afdekkaart bruin • Model 3 • 2 cm brede strookjes van 6 enveloppen in beige/bruin • Holografisch papier zilver

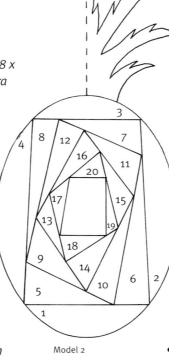

Model 2

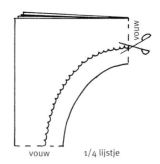

vouw   1/4 lijstje

Leg de dubbele kaart open met de goede kant op het model. Na de vakjes 25 t/m 30 verspringt het motief! Volg gewoon de nummers en houd de kleurvolgorde aan. Als houvast zijn de vakjes voor kleur a gearceerd.

Kaart 6

Karton 14,8 x 21 cm aubergine R26 stanskaart ovaal en 14,5 x 10 cm afdekkaart rood • Model 3 • 2 cm brede strookjes van 6 enveloppen in roze/oranje/rood • Holografisch papier zilver

Kaart 7

Karton 14,8 x 21 cm zalm R64 stanskaart ovaal en 14,5 x 10 cm afdekkaart roze • Model 3 • 6 groepjes van 2 cm brede strookjes van 4 enveloppen in blauw/rood • Tekststicker • Holografisch papier zilver • Minipons Blaadje

Kaart 8

Karton 14,8 x 21 cm zalm R64 en 13,8 x 9,7 cm rood R23 stanskaart ovaal • Model 3 • 6 groepjes van 2 cm brede strookjes van 4 enveloppen in oranje/blauw/grijs • Holografisch papier zilver • Hoekpons Lelie

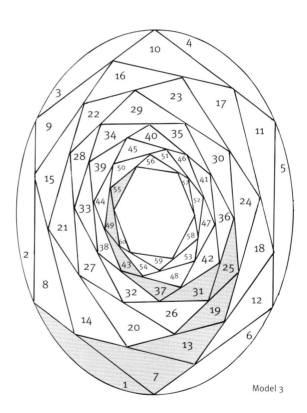

Model 3

Geboortelepel

Met blijdschap geven wij kennis

van de geboorte van ...

*Alle kaarten worden gemaakt volgens
de beschrijving bij kaart 1; zie ook
kniptip 1 (blz. 11).*

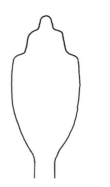

Kaart 1

*Karton 21 x 10,3 cm maïsgeel C470 en 19 x 8,6 cm
citroengeel C101 • 19,6 x 9,3 tussenvel papier
geel • Model 4 • 5 groepjes van 2 cm brede
strookjes van 4 gele enveloppen • Decotape goud
• 20 cm lint geel • 3-in-1 hoekpons Lace • Pons
Beertje • Kleurpotlood oranje • Gaatjestang*
Pons de bovenste hoeken van de kleine kaart en
snijd de lepel uit de achterkant. Bedek de steel en
knip de onderkant in vorm van het model. Plak na
het IRISvouwen de beertjes op en markeer de steel
met kleurpotlood. Maak een ophangstrik in de
achterste kaart.

Kaart 2

*Karton 21 x 10,3 cm ijsblauw P42, 20 x 9,5 cm
irisblauw P31 en 19 x 9 cm wit • Model 4
• 4 groepjes van 2 cm brede strookjes van 3
blauwe enveloppen • 1,6 cm brede strookjes
van wensvel blauw • Holografisch papier zilver
• 20 cm lint blauw*

Kaart 3

*Karton 21 x 10,3 cm roze C352 en 18,6 x 10,5 cm wit
• Model 4 • 2 cm brede strookjes van 4 roze enve-
loppen • 1,6 cm brede strookjes van wensvel rood
• Holografisch papier zilver • Randornamentpons
Heart • Pons Eendje • 20 cm roze lint*
Pons de randen van de witte kaart tot 9,4 cm
breedte.

Kaart 4

*Karton 21 x 10,5 cm azuurblauw P04, 20,2 x 9,8 cm
turkoois P32 en 19,8 x 9,3 cm wit • Model 4
• 5 groepjes van 4 zeegroene enveloppen
• Holografisch papier zilver • Tekststicker • Pons
Beertje • Hoekpons Hart*

Kaart 5

*Karton 21 x 10 cm cerise P33 en 19,7 x 8,5 cm wit
• Model 4 • 2 cm brede strookjes van 4 roze*

enveloppen • 1,6 cm brede strookjes van wensvel
rood • 8 x 6,5 cm papier roze voor strik (blz. 42) en
letters • Decotape zilver • Pons Meisje

Kaart 6

*Karton 21 x 10 cm berkengroen A305 en 19 x 6,5 cm
wit • 19,7 x 9,5 cm tussenvel papier groen • Model 4
• 2 cm brede strookjes van 5 groene enveloppen
• Holografisch papier goud • Tekststicker • Randornamentpons Heart • Pons Konijn*
Pons achterop het tussenvel op 0,5 cm van boven-
en onderkant de hartjes langs de zijkanten.

Kaart 7

*Karton 21 x 10 cm koningsblauw A427 en 19 x 8 cm
wit • Model 4 • 2 cm brede strookjes van 5 blauwe
enveloppen • 2 cm brede strook van wensvel blauw
voor steel • Decotape zilver • Multihoekpons
• Minipons Handje*

Kaart 8

*Karton 21 x 10 cm, 10 x 2 cm honinggeel A243 voor
steel en 19,3 x 8,3 cm beige geurkarton • 19,8 x
8,7 cm tussenvel papier oranje • Model 4 • 2 cm
brede strookjes van 5 geel/oranje enveloppen
• 7 x 6,5 cm papier oranje voor strik • Holografisch
papier goud • Verwisselbaar ponsfiguur Kroon
• Kleurpotlood oranje • Hoekschaar Regal*

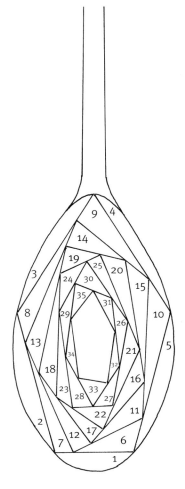

Model 4

Koffers

"Ik ga op reis en

ik neem mee ..."

De koffers worden gemaakt volgens de beschrijving bij kaart 1.

Kaart 1
Karton 13 x 26 cm violet P20 en 12 x 12 cm donker-blauw A417 • 12,4 x 12,4 cm tussenvel papier blauw • Model 5 • 2 cm brede strookjes van 3 blauwe enveloppen • 1,6 cm brede strookjes van wensvel blauw • Holografisch papier zilver • Tekststicker • Multihoekpons
Pons de hoeken van de kleine kaart en snijd de koffer uit de achterkant. Plak na het IRISvouwen sticker, handvat en wieltjes op.

Kaart 2
Karton 14,8 x 21 cm rood P43, 14,3 x 10 cm linde-groen en 13,8 x 9,5 cm leliewit C110 • Model 5 • 2 cm brede strookjes van 4 enveloppen in rood en groen • Holografisch papier zilver • Tekststicker • Hoekschaar Nostalgia
Bewerk de hoeken van de witte kaart met de hoek-schaar.

Kaart 3
Karton 13 x 26 cm koningsblauw A427 en 12 x 12 cm

wit • *Model 5 • 2 cm brede strookjes van 4 blauwe enveloppen o.a. van Visa • Holografisch papier zilver • Tekststicker • Hoekornamentpons Speer*

Kaart 4
Karton 14,8 x 21 cm fiëstarood P12 en 13,5 x 9,4 cm wit C335 • Model 5 • 2 cm brede strookjes van 3 enveloppen in grijs en rood o.a. van Sogeti • 1,6 cm brede strookjes van wensvel rood • Holografisch papier zilver • 3-in-1 hoekpons Heritage

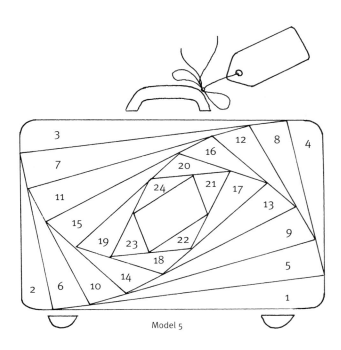

Model 5

Kaart 5

Karton 13 x 26 cm donkerblauw A417 en 9,5 x 12 cm wit • 12,5 x 12,2 cm tussenvel papier blauwgroen • Model 5 • 2 cm brede strookjes van 4 blauwe enveloppen o.a. van Veronica • Holografisch papier blauwgroen • Tekststicker • Mozaïekpons Cirkel
Bewerk de boven- en onderkant van het tussenvel met de helft van het motief van de mozaïekpons. Knip de overtollige delen weg.

Kaart 6

Karton 14,8 x 21 cm indigoblauw C140 en 13,8 x 9,5 cm citroengeel C101 • Model 5 • 2 cm brede strookjes van 3 enveloppen in geel/blauw o.a. van
Novib • 1,6 cm brede strookjes van wensvel blauw • Holografisch papier zilver • Tekststicker • 3-in-1 hoekpons Lace

Kaart 7

Karton 13 x 26 cm wit en 9,9 x 12 cm lavendelblauw C150 • 13,2 x 12,5 cm tussenvel papier beige • Model 5 • 4 groepjes van 2 cm brede strookjes van beige enveloppen o.a. van American Express • Holografisch papier zilver • Randornamentpons Spring
Bewerk het tussenvel aan boven- en onderkant met de randornamentpons zodat het vel 12 cm hoog wordt.

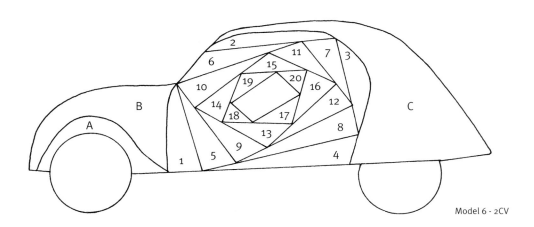

Model 6 - 2CV

2CV

Een kaart om te versturen naar flitsende chauffeurs of iemand die net een rijbewijs heeft gehaald.

Alle kaarten worden gemaakt volgens de beschrijving bij kaart 1 (zie ook kniptip 2, blz. 11). Gebruik voor de wielen een cirkelsjabloon.

Kaart 1

Karton 14,8 x 21 cm en 13,8 x 9 cm wit • 14,8 x 9,7 cm tussenvel papier rood • Model 6 • 2 cm brede strookjes van 3 rode enveloppen o.a.van Citroën • 1,6 cm brede strookjes van wensvel rood • 2,5 x 4,5 cm papier oranje voor A • 8 x 6 cm voor B en C van papier rood • 2,5 x 5 cm papier donkerbruin voor wielen • Decotape koperkleur • 2-in-1 randpons Ballon

Snijd de 2CV, zonder wielen, volgens model uit de achterkant van de kleine kaart. Trek met de lichtbak deel A over op oranje en de delen B en C op rood. Let op: volg precies de lijn van het grote vak en teken de rest 0,5 cm ruimer. Knip alles uit, bedek vak A, vak B en vak C en plak op de achterkant van de kaart vast. Teken na het IRISvouwen de wielen Ø 2,1 cm op het bruine papier en knip ze uit. Pons de ballonnen en knip de 'vogels' uit.

Kaart 2

Karton 14,8 x 21 cm en 13,7 x 8,5 cm wit • 8 x 13,7 cm tussenvel papier blauw en 2 x 0,8 cm wensstrook blauw • Model 6 • 2 cm brede strookjes van 4 blauwe enveloppen o.a. van gemeente Hoorn en Ambassade • 8 x 5 cm papier blauw voor A en C en 3 x 4,5 cm lichtblauw voor B • 2,5 x 5 cm papier donkerblauw voor wielen • Holografisch papier zilver

Plak na het IRISvouwen de wensstrookjes aan boven- en onderkant van de kleine kaart en vul aan met het tussenvel.

Kaart 3

Karton 14,8 x 21 cm petrol en 13,8 x 9,5 cm wit C335 • 14,1 x 9,8 cm tussenvel papier geel/groen • Model 6 • 2 cm brede strookjes van 4 blauw/groene enveloppen • 2,5 x 4,5 cm papier groen voor A en 8 x 6 cm petrol voor B en C • 2,5 x 5 cm papier donkergroen voor wielen • Holografisch papier zilver • Tekststicker • Hoekschaar Regal

Kaart 4

Karton 14,8 x 21 cm middengrijs, 14,1 x 9,8 cm rood en 13,9 x 9,6 wit C335 • 14,5 x 10,2 cm tussenvel papier lichtgrijs • Model 6 • 2 cm brede strookjes van 4 grijze enveloppen o.a. van ANWB • 2,5 x 4,5 cm lichtgrijs papier voor A en 8 x 6 cm donkergrijs voor B en C • Strookje wensvel rood • Holografisch papier zilver • Mozaïekpons Speer

Gebruik een deel van de pons voor de bovenste hoeken van de kleine kaart.

1.

2.

3.

4.

Kikkertjes en vissen

Met een paar 'op'kikkertjes

voel je je als een vis in het

water.

De kikkertjes worden gemaakt volgens de beschrijving bij de omslagkaart, de vissen volgens kaart 4.

Kaart omslag

Karton 9 x 18 cm blauw en 8 x 8 cm wit • Model 7 • 1,5 cm brede strookjes van 5 enveloppen in blauw/bruin • 7 x 5 cm donkerblauw voor poten • Decotape goud • Hoekschaar Regal • 3-in-1 hoekpons Bugs
Pons de hoek linksboven en snijd het kikkerlijf uit de achterkant van de witte kaart. Neem poten en oogjes over met de lichtbak (zie kniptips blz. oo en tekening).

Kaart 1

Karton 14,8 x 21 cm lila C104 en 13,8 x 9,5 cm grijsgroen • Model 7 • 1,5 cm brede strookjes van 5 groene enveloppen o.a. van CB • 7 x 5 cm papier groen voor poten • Holografisch papier zilver • Pons Kikker

Kaart 2

Karton 14,8 x 21 cm sepia C133 en 13,8 x 9,8 cm beige C407 • Model 7 • 1,5 cm brede strookjes van 5 bruine enveloppen o.a. van Universiteit Utrecht • 7 x 5 cm papier beige en bruin voor poten • Holografisch papier goud • 3-in-1 hoekpons Bugs

Kaart 3

Karton 14,8 x 21 cm en 14 x 9,5 cm wit • 14,2 x 9,8 cm tussenvel papier groen • Model 7 • 1,5 cm brede strookjes van 5 groene enveloppen o.a. van Spatie • 7 x 5 cm papier groen voor poten (2x) • Holografisch papier zilver

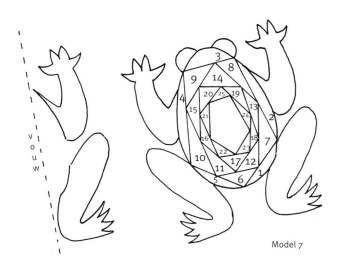

Model 7

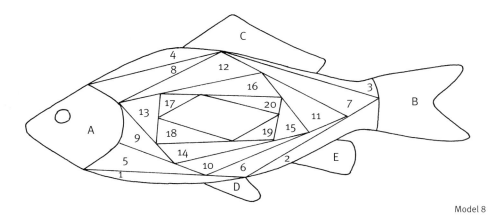

Model 8

Kaart 4

Karton 14,8 x 21 cm en 13,8 x 9,4 cm lila C104 • 14 x 9,8 cm tussenvel papier lichtblauw • Model 8 • 2 cm brede strookjes van 4 blauwe enveloppen o.a. van Zuid-Holland • 3 x 6 cm papier blauw voor A en B • Holografisch papier zilver • Pons Zeepaardje

Snijd de vis uit de achterkant van de kleine kaart. Bedek kop, staart en vinnen (zie kniptip 2). Knip de binnenkant precies in vorm van het model. Vul het lijf met de strookjes.

Kaart 5

Karton 10,5 x 29,7 cm petrol en 9 x 13,8 cm lila C104 • Model 8 • 2 cm brede strookjes van 4 turkoois enveloppen o.a. van Commit • 3 x 3 cm zeegroen en 3 x 3 cm turkoois papier voor A en B • Holografisch papier zilver

Werk de kaart aan de onderkant af met een in vorm geknipte strook met watergolfjes.

Kaart 6

Karton 14,8 x 21 cm wit R21 en 13,8 x 10 cm lichtblauw • Model 8 • 2 cm brede strookjes van 3 blauw/groene enveloppen • 3 x 6 cm papier groen voor A en B • 1,6 cm brede strookjes van wensvel blauw • Holografisch papier zilver • Rand-ornamentpons Spring • Multihoekpons • Ponstang Dolfijn

Eieren en eitjes

*"Eén ei is geen ei, twee ei
is een half ei, drie ei is een
paasei!"*

*Het ei wordt gemaakt volgens de beschrijving
bij kaart 1, de eitjes volgens kaart 4.*

Kaart 1

*Karton 14,8 x 21 cm zeegroen P17 en 14,8 x 10,5 cm
grijsblauw Antica P165 • Model 9 • 2 cm brede
strookjes van 5 grijze enveloppen • 4 x 9 cm papier
grijsgroen voor gras • Decotape zilver • 3-in-1 hoekpons Bugs*
Pons de hoek rechtsboven van de kleine kaart en
snijd het ei uit de achterkant. Trek het gras over met
de lichtbak.

Kaart 2

*Karton 14,8 x 21 cm petrol en 14,1 x 9,5 cm emboss-
ed champagne Primavera • Model 9 • 2 cm brede
strookjes van 5 enveloppen in zeegroen en geel
• 4 x 9 cm papier zeegroen voor gras • Decotape
goud*

Kaart 3

*Karton 14,8 x 21 cm rookblauw C490 en 13,3 x 9 cm
zeegroen P17 • Model 9 • 2 cm brede strookjes van*

*5 enveloppen in lichtgroen en grijs • Decotape zilver
• Tekststicker • Multihoekpons*

Kaart 4

*Karton 14,8 x 21 cm schelpwit C112 en 12 x 9,5 cm
roestbruin C504 • Model 10 • 2 cm brede strookjes
van 4 beige enveloppen o.a. van CWI • 2 stukjes van
5 x 4 cm papier beige voor siereitjes • 2 x 10 cm
papier zachtgroen voor gras • Holografisch papier
goud • 3-in-1 hoekpons Leaves*

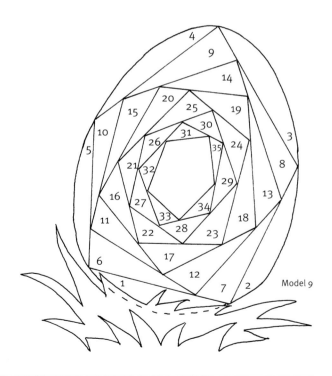

Model 9

half grasrandje

Pons de bovenste hoeken van de kleine kaart en snijd het eitje uit de achterkant. Versier tot slot met losse eitjes en het opengevouwen randje gras.

Kaart 5

Karton 14,8 x 21 cm petrol, 14,4 x 10 cm ivoorwit C110 en 14 x 9,7 cm perzikroze • Model 9 • 5 groepjes van 2 cm brede strookjes van 4 enveloppen in beige, bruin en zeegroen • 4 x 9 cm papier bruin voor gras • Holografisch papier zilver • Tekststicker • Hoekpons Tulp

Kaart 6

Karton 14,8 x 21 cm bruin, 14,2 x 10 cm mango A575 en 12,9 x 9,5 cm wit C335 • Model 10 • 2 cm brede strookjes van 4 enveloppen in geel/grijsblauw • 2 cm brede strookjes papier bruin voor randornament en gras • 5 x 4 cm papier geel en beige voor siereitjes • Decotape goud • Randornamentpons Touw

Kaart 7

Karton 14,8 x 21 cm en 13,7 x 8 cm wit C335 • 13,7 x 11 cm tussenvel enveloppenpapier bruin • Model 10 • 2 cm brede strookjes van 4 bruine enveloppen o.a. van ROC Utrecht • 3 stukjes van 5 x 4 cm papier bruin voor siereitjes • 2 x 10 cm papier groen voor gras • Decotape koperkleur • Randornamentpons Heart
Pons de boven- en onderkant van het tussenvel tot 13,7 x 9,8 cm.

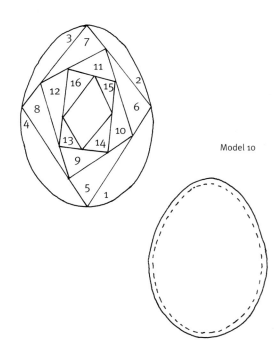

Model 10

Krokus en gieter

Geef de krokus voldoende water en je kunt er lang van genieten.

De krokus wordt gemaakt volgens de beschrijving van de omslagkaart (zie ook kniptip 2, blz. 11), de gieter volgens kaart 1.

Kaart omslag
Karton 14,8 x 21 cm zalmbeige C384 en 13,6 x 8,9 cm wit • Model 11 • 2 cm brede strookjes van 4 enveloppen in bruin blauw • 2 strookjes van 0,8 x 13,6 cm van wensvel blauw • 6 x 6 cm papier bruin • Holografisch papier goud
Snijd de krokus uit de achterkant van de witte kaart. Bedek het bladdeel en knip bij de steel in de vorm van het model. Vul eerst de bloem en dan het bolletje. Plak de wensstrookjes achter de zijkant.

Kaart 1
Karton 14,8 x 21 cm koningsblauw C495 en 13,7 x 9,5 cm lila C104 • Model 12 • 2 cm brede strookjes van 3 blauwe enveloppen • 2 cm brede strookjes van wensvel blauw • 7 x 6 cm papier blauw • Decotape zilver • Verwisselbare ponsfiguur Druppel • Multihoekpons

Pons de hoeken van de kleine kaart en snijd de gieter (alleen het vierkant) uit de achterkant. Neem handvat en tuit over met de lichtbak.

Kaart 2
Karton 14,8 x 21 cm mango A575, 14,4 x 10,1 cm honinggeel A243 en 14 x 9,7 cm citroengeel C101 • Model 12 • 2 cm brede strookjes van 4 enveloppen in oranje/ groen • 7 x 6 cm papier groen • Decotape zilver • Tekststicker • 3-in-1 hoekpons Bugs

Kaart 3
Karton 14,8 x 21 cm wit en 13,8 x 9,5 cm roze C352 • Model 12 • 2 cm brede strookjes van 3 grijze enveloppen • 1,6 cm brede strookjes van wensvel roze • 7 x 6 cm grijs papier • Decotape zilver • Minipons Klavertje 4 • Potlood

Model 11

Kaart 4

Karton 14,8 x 21 cm en 13,5 x 8,2 cm embossed beige Firenze • 13,8 x 9 cm tussenvel papier oranje • Model 11 • 1,5 cm brede strookjes van 3 oranje enveloppen • 1,6 cm brede strookjes van wensvel rood • 6 x 6 cm papier groen • Decotape goud
Vul de bloem met een wensstrookje en twee verschillende oranje strookjes. De overige wensstrookjes komen op vak 2, 6, 10 enz.

Kaart 5

Karton 14,8 x 21 cm champagne, 14,6 x 9,8 cm havannabruin C502 en 14,2 x 9,1 cm wit • Model 11 • 1,5 cm brede strookjes van 4 enveloppen in geel/bruin • 6 x 6 cm papier groen • Decotape goud • Tekststicker • Multihoekpons
Plak de tekststicker op decotape en knip 1 mm groter uit.

Kaart 6

Karton 14,8 x 21 cm en 14,8 x 8,2 cm wit • 14,8 x 9,6 cm tussenvel paars en 14,8 x 8,5 cm blauw • Model 11 • 1,5 cm brede strookjes van 3 paarse en 4 bruine enveloppen • 2 stukjes 6 x 6 cm papier groen • Decotape goud • Tekststicker
Knip uit het 2e stukje 6 x 6 cm groen de blaadjes in vorm en plak ze aan de voorkant op.

Kaart 7

Karton 14,8 x 21 cm donkerblauw A417 en 13,8 x

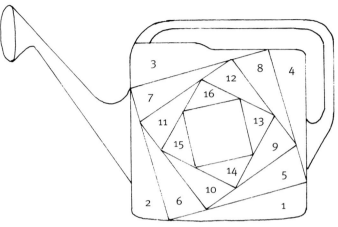

Model 12

9,5 cm lila C104 • Model 12 • 2 cm brede strookjes van 4 blauw/groene enveloppen • 7 x 6 cm papier blauw/groen • Holografisch papier zilver • Multhoekpons • Minipons Tulp

Kaart 8

Karton 14,8 x 21 cm berkengroen A305 en 14 x 9,8 cm lindegroen C100 • Model 12 • 2 cm brede strookjes van 4 groene enveloppen • 7 x 6 cm papier groen • Holografisch papier zilver • Tekststicker • Mozaïekpons Kunst • 3-in-1 hoekpons Bugs

Uitroepteken en Griekse vaas

Vier bijzondere kaarten met irisvouwpapier: twee uitroeptekens om een mooie prestatie te vieren en twee fraaie Griekse vazen.

Kaart 1

Karton 14,8 x 21 cm wit C335 • 14,3 x 9,9 cm tussenvel 'rood' • 13,4 x 8,5 cm wit • Model 13 • 3 groepjes van 2,5 cm brede strookjes van 'donkergroen, bloem, rood' • Decotape zilver • Multihoekpons

Pons de hoeken van de kleine kaart. Plak na het IRISvouwen het werkstuk op het rode tussenvel en daarna op de dubbele witte kaart.

Kaart 2

Karton 14,8 x 21 cm wit en 13,8 x 9 cm cerise P33 • Model 13 • 3 groepjes van 2,5 cm brede strookjes van 'hart, zilver, ster' • Decotape zilver

Snijd de driehoek uit de cerise kaart. Schuin de randen af tot 13 x 7,8 cm voordat je gaat IRISvouwen. Plak tot slot de stip op.

Kaart 3

*Karton 14,8 x 21 cm wit • 13,8 x 9,8 cm tussenvel
'vlechtmat' • 13 x 8,8 cm stanskaart Griekse vaas
• Model 14 • 4 groepjes van 2 cm brede strookjes
van 'slinger, vlechtmat, speelgoed, goud' • 3 x 4 cm
'vlechtmat' voor de hals • Holografisch papier goud
• Hoekpons Carl*

Pons vier hoeken van de stanskaart. Zie verder
kaart 3.

Kaart 4

*Karton 14,8 x 21 cm kastanjebruin C501 •13,7 x
9,4 cm stanskaart Griekse vaas • Model 14 • 4 groepjes van 2 cm brede strookjes van 'cirkel, bobbeltjes,
blad, bruin' • 3 x 4 cm 'blad' voor hals • Holografisch
papier goud • Hoekpons Carl*

Pons de hoeken van de stanskaart. Bedek voet en
hals. Knip na het IRISvouwen de handvaten uit een
dubbelgevouwen stukje 'bobbeltjes' en plak ze
tegen de vaas.

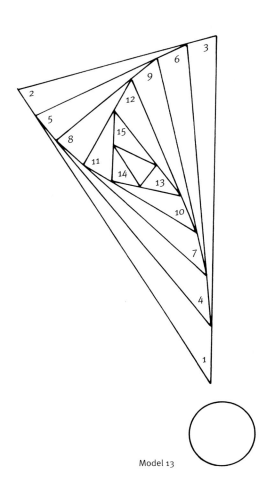

Model 13

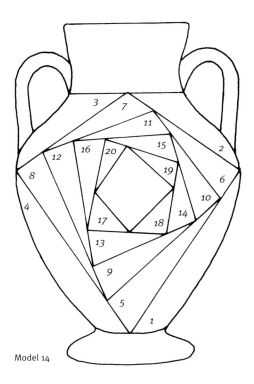

Model 14

1.

2.

3.

4.

Kaarten gebaseerd op rechthoeken

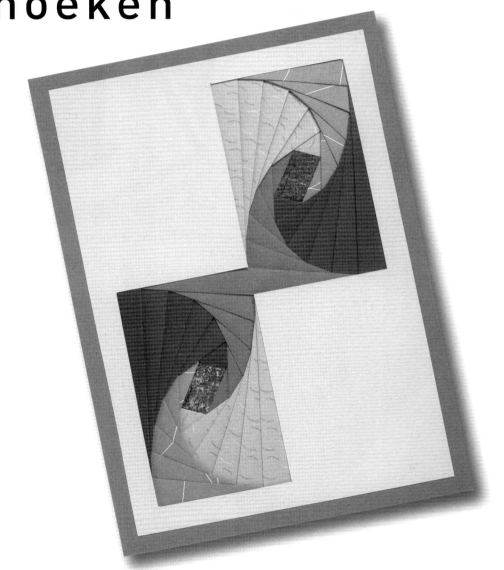

Rechthoeken

Dozen met cadeautjes en met spelletjes voor gezellige, lange winteravonden.

Dit model kan zowel liggend als staand gebruikt worden. Volg voor alle kaarten de werkwijze van de basisrechthoek (zie Technieken, blz. 9).

Kaart 1, basisrechthoek

Karton 10,5 x 29,7 cm felrood C506 en 9,5 x 13,8 cm wit • Model 1 • 2,5 cm brede strookjes van 4 enveloppen in rood, grijs en blauw o.a. van Cola, Ontex en Justitie • Holografisch papier zilver
Zie voor de beschrijving Technieken, blz. 9.

Kaart 2

Karton 14,8 x 21 cm en 12,8 x 8,5 cm wit • Model 1 • 2,5 cm brede strookjes van 4 blauwe enveloppen o.a. van Nokia Club, gemeente Dordrecht en Verzekering • 14 x 9,2 cm enveloppenpapier blauw • Tekststicker • Holografisch papier zilver • hoekschaar Celestial
Knip alle hoeken van de kleine witte kaart en het vel enveloppenpapier met de hoekschaar. Plak na het IRISvouwen de tekststicker op.

Kaart 3

Karton 14,8 x 21 cm en 13,8 x 9,6 cm wit • Model 1
• 2,5 cm brede strookjes van 4 enveloppen in geel/petrol o.a. van IBC Vastgoed bv en gemeente Hilversum • 14,1 x 9,9 cm enveloppenpapier petrol • Tekststicker • Holografisch papier zilver • Multihoekpons
Pons de hoeken van de kleine witte kaart.

Kaart 4

Karton 14,8 x 21 cm en 13 x 9,5 cm wit • Model 1 • 2,5 cm brede strookjes van 4 paarse enveloppen van Het Net, universiteit, De Wijnkopers en Waterschap Veluwe • 14 x 9,9 cm enveloppenpapier paars • Tekststicker • Decotape goud • Multihoekpons
Pons de hoeken van de kleine witte kaart.

Kaart 5

Karton 14,8 x 21 cm wit en 13,8 x 9,5 cm petrol • Model 1 • 2,5 cm brede strookjes van enveloppen van verzekering, Ministerie van OC&W, ziekenfonds en Arbo • Holografisch papier zilver • Hoekpons diamant
Pons de hoeken van de petrol kaart.

Kaart 6

Karton 14,8 x 21 cm wit, 13,7 x 9,5 cm rood en 0,2 cm brede reepjes rood • Model 1 • 2,5 cm brede strookjes van 4 enveloppen o.a. van TeleMedia, luchtpost en omroep • Tekststicker • Holografisch papier zilver
Schuin de hoeken van de rode kaart af en plak de kaartreepjes precies tussen de schuine kant en de hoek van de dubbele kaart.

Spelen met rechthoeken

Pittige rechthoekjes voor creatieve liefhebbers en een envelopje met inhoud.

De cadeauenveloppen worden gemaakt volgens de beschrijving van kaart 3.

Kaart van blz. 68

Karton 14,8 x 21 cm roestbruin C504 en 13,8 x 9,5 cm schelpwit C112 • Model 2 • 2 cm brede strookjes van 4 bruin/oranje enveloppen • Decotape koperkleur
Snijd de rechthoekjes met een overlap van 0,8 cm uit de witte kaart. Vul vakje 1, 2 en 3 op de normale manier. Vouw een verbindingsstrookje over de hele lengte aan twee kanten om tot een breedte van 0,8 cm en bedek daarmee beide vakjes 4. Maak het rechthoekje verder af (vakje 5, 6, 7 enz.); van het andere is vakje 4 al klaar dus vul je na vak 3 vak 5, 6 enz.

Kaart 1

Karton 14,8 x 21 cm lila C104 en 9,7 x 14 cm korenblauw P05 • Model 2 • 2 cm brede strookjes van 4 blauwe enveloppen • Decotape zilver
Snijd de kleine rechthoek tweemaal uit de blauwe kaart. Snijd daaraan evenwijdig op 2 cm twee kaarthoekjes af. Werk verder als bij de basistechniek.

Kaart 2

Karton 14,8 x 21 cm korenblauw P05 en 13,8 x 9,5 cm lila C104 • Model 2 • 2 cm brede strookjes van 4 blauwe enveloppen • Tekststicker • Holografisch papier zilver
Leg twee kopieën van model 2 ondersteboven tegen elkaar, zodat de vakjes 1 tegen elkaar liggen. Vouw één strookje over de hele lengte aan twee kanten om tot een breedte van 0,7 cm. Plak die strook over beide vakjes 1.

Kaart 3

Karton 14,8 x 21 cm lavendelblauw C150 en 14,2 x 9,9 cm wit C335 • Model 3 • 2 cm brede strookjes van 4 enveloppen in lila en blauw • € 5,- • Holografisch papier zilver • Embossingstencil geometrisch • Embossingstencil Gefeliciteerd

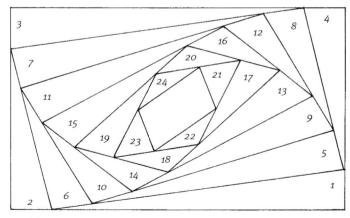

Model 1

Embos randjes in drie hoeken en tekst in de vierde hoek. Snijd alleen de rechthoek uit de witte kaart. Knip de flap uit enveloppenpapier en plak hem 0,5 cm boven de rechthoek. Snijd de opening voor het biljet volgens de stippellijn.

Kaart 4

Karton 10,5 x 29,7 cm lila C104 en 10 x 13,8 cm roze C352 • Model 3 • 2 cm brede strookjes van 4 grijze en paars/rode enveloppen • Tekststicker • Decotape zilver • Embossingstencil geometrisch
Embos de bovenste hoeken van de roze kaart.

Kaart 5

Karton 10,5 x 29,7 cm korenblauw P05 en 14,3 x 10 cm zachtblauw C102 • Model 3 • 2 cm brede strookjes van 4 enveloppen o.a. van Euro en Dierenbescherming • € 10,- • Holografisch papier zilver • Multihoekpons
Pons twee hoeken.

Kaart 6

Karton 10,5 x 29,7 cm petrol en 9,5 x 13,8 cm zachtgeel • Model 3 • 2 cm brede strookjes van 4 grijs/groene enveloppen • € 5,- • Holografisch papier zilver • Multihoekpons
Pons de bovenste hoeken van de gele kaart.

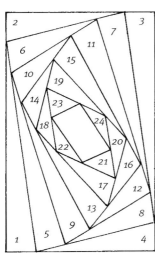

Model 2

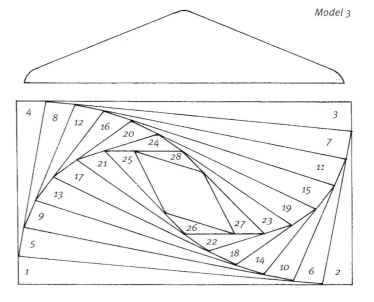

Model 3

Blad en blaadje

Herfst, tijd van vallende blaadjes...

Het blad wordt gemaakt volgens de beschrijving bij kaart 1, het blaadje volgens kaart 4.

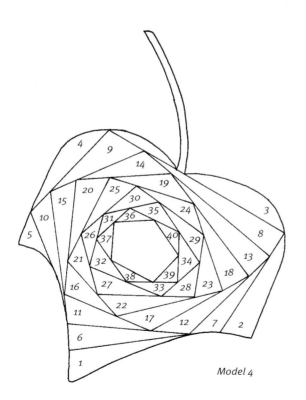

Model 4

Kaart 1

Karton 14,8 x 21 cm zand C340 en 13 x 9,5 cm donkerblauw A417 • Model 4 • 2 cm brede strookjes van 5 verschillende bruine enveloppen • Holografisch papier goud • Verwisselbaar pons-figuur klimop

Snijd alleen het blad uit. Knip, na het IRISvouwen, de steel uit enveloppenpapier. Plak steel en blaadjes op.

Kaart 2

Karton 14,8 x 21 cm kastanjebruin C501, 13 x 9,5 cm amandelgroen C480 en 14,1 x 10,2 cm goud • Model 4 • 2 cm brede strookjes van 5 enveloppen in bruin en groen • 13,3 x 9,8 cm enveloppenpapier bruin • Tekststicker • Holografisch papier goud • Hoekpons lelie

Pons de bovenste hoeken van de groene kaart. Knoop de sticker met een draadje aan de steel.

Kaart 3

Karton 14,8 x 21 cm wit C335 en 14 x 9 cm beige A241 • Model 4 • 2 cm brede strookjes van 5 enveloppen in diverse kleuren • 14,4 x 9,4 cm enveloppenpapier donkerrood • Tekststicker • Holografisch papier goud • Embossingstencil Victoriaans

Embos de boven- en onderrand van de beige kaart.

Kaart 4

Karton 14,8 x 21 cm donkergroen, 8,2 x 7,6 cm en 5,5 x 5 cm wit C335 • Model 5 • 2 cm brede strook-

1.

2.

3.

5.

4.

6.

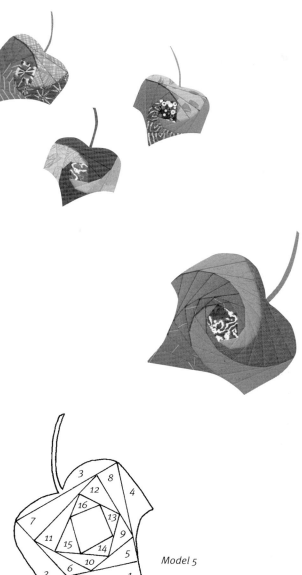

jes van 4 enveloppen in rood, beige en groen
• 5,8 x 5,3 cm enveloppenpapier groen • 14,8 x
21 cm vellum bladmotief met venster van 7 x 6,5 cm
• Holografisch papier goud

Snijd het blaadje uit het kleinste kaartje en vul met
de strookjes. Plak alle kaartjes op elkaar. Vouw het
vellum om de kaart en geef met potloodstippen de
uitsnede aan. Verwijder het vel, vouw open en snijd
het venster uit. Plak aan de achterkant van de kaart
langs de vouw een reep dubbelzijdig plakband en
bevestig het vellum.

Kaart 5

*Karton 14,8 x 21 cm korenbloemblauw A425,
7,7 x 6,5 cm zilver en 6,7 x 5,5 cm wit C335
• Model 5 • 2 cm brede strookjes van 4 paarse
enveloppen • 14,8 x 21 cm vellum bladmotief met
venster van 7,3 x 6 cm • Tekststicker • Holografisch
papier zilver*

Kaart 6

*Karton 14,8 x 21 cm appelgroen C475, 7,7 x 6,5 cm
goud en 6,7 x 5,5 cm wit C335 • Model 5 • 2 cm
brede strookjes van 4 verschillende groene enveloppen • 14,8 x 21 cm vellum bladmotief met venster
van 7,1 x 6 cm • Decotape goud*

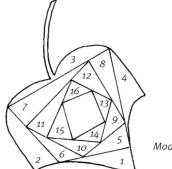

Model 5

Peren en paddestoelen

Herfstvruchten

De peren worden gemaakt volgens de beschrijving bij kaart 1; de paddestoelen volgens kaart 4.

Kaart 1

Karton 14,8 x 21 cm parelgrijs C120 en 13,3 x 9 cm wijnrood C503 • Model 6 • 2 cm brede strookjes van 4 enveloppen in lila, roze en aubergine • 13,8 x 9,6 cm enveloppenpapier roze • Holografisch papier zilver • Hoekpons bloem • Minipons blaadje
Pons de bovenste hoeken. Snijd de peer uit. Knip het steeltje uit enveloppenpapier, pons de blaadjes en plak alles aan de voorkant op na het IRISvouwen.

Kaart 2

Karton 14,8 x 21 cm en 13,3 x 9 cm leliewit C110 • Model 6 • 2 cm brede strookjes van 4 groene enveloppen o.a. van computerfirma • 13,9 x 9,3 cm enveloppenpapier groen • Holografisch papier goud • Tekststicker • Hoekschaar Celestial
Knip de hoeken van de kleine kaart.

Kaart 3

Karton 14,8 x 21 cm anjerwit P03 en 13 x 8,5 cm embossed-champagne A2460 • Model 6
• 2 cm brede strookjes van 4 groene enveloppen
• 13,8 x 9,5 cm enveloppenpapier groen

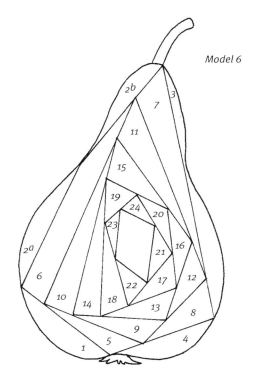

Model 6

• Tekststicker • Holografisch papier goud
• Multihoekpons

Kaart 4

Karton 13 x 26 cm en 12 x 12,3 cm wit C335 en 12,5 x 12,8 wijnrood P36 • Model 7 • 2 cm brede strookjes van 5 enveloppen • 3 x 4 cm enveloppenpapier groen • Holografisch papier goud

• *Embossingstencil Herfst* • *Verwisselbaar pons-figuur paddestoel* • *Ribblemaster*
Embos de boven- en onderrand van de kleinste kaart. Snijd hoed en steel apart uit. Haal eerst een strookje enveloppenpapier door de ribblemaster. Knip de onderkant in model en plak het aan de achterkant van de kaart boven in de steel. Bedek de rest van de steel met enveloppenpapier. Versier met paddestoeltjes uit de pons.

Kaart 5
Karton 13 x 26 cm en 12 x 12 cm wit C335 • *Model 7*
• *2 cm brede strookjes van 5 roze enveloppen*
• *3 x 4 cm enveloppenpapier roze* • *12,3 x 12,3 cm enveloppenpapier oudroze* • *Tekststicker*
• *Decotape zilver* • *Verwisselbaar ponsfiguur paddestoel* • *Ribblemaster*

Kaart 6
Karton 13 x 26 cm en 12 x 12 cm wit C335
• *Model 7* • *2 cm brede strookjes van 5 grijze enveloppen* • *12,4 x 12,4 cm enveloppenpapier rood* • *3 x 4 cm enve-loppenpapier kleur b* • *Holografisch papier zilver* • *Hoek silhouetpons Victoriaans*
• *Ribblemaster*
Pons de hoeken.

Kaart 7
Karton 13 x 26 cm grijsroze C426 en 12 x 12 cm muis-grijs C345 • *Model 7* • *2 cm brede strookjes van 5*

enveloppen van wit tot bruin • *3 x 4 cm enveloppen-papier wit* • *Holografisch papier goud* • *Tekststicker*
• *Hoekpons vlieg* • *Ribblemaster*
Pons twee hoeken.

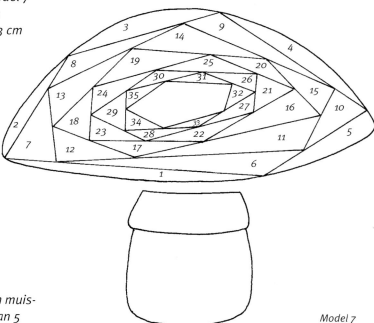

Model 7

Koffietijd!

Vriendinnen, koffiedrinken
en IRISvouwen: een prima
combinatie.

*Alle kaarten worden gemaakt volgens de
beschrijving bij kaart 1.*

Kaart 1

Karton 13 x 26 cm en 11,7 x 10,5 cm wit A211
• *Model 8* • *2 cm brede strookjes van 4 rode
enveloppen o.a. van Stichting Kinderhulp, Relan
en Euro* • *12,5 x 11,8 cm enveloppenpapier rood*
• *Tekststicker* • *Holografisch papier goud*
• *Hoekpons bloem*
Pons de bovenste hoeken van de kleine kaart. Knip
na het IRISvouwen tuit, deksel en handvat uit enveloppenpapier en plak ze om de kan. Plak dit geheel
op het rode vel enveloppenpapier en vervolgens op
de dubbele kaart.

Kaart 2

Karton 13 x 26 cm en 12 x 9,8 cm wit C335
• *Model 8* • *2 cm brede strookjes van 4 blauwe
enveloppen o.a. van Regiobank* • *12,5 x 12,5 cm
enveloppenpapier blauw* • *Tekststicker* • *Decotape
goud* • *Randornamentpons druppel* • *Hoekschaar
Regal*

Knip de bovenste hoeken van de kleine kaart rond. Versier het enveloppenpapier met viermaal het druppelrandje.

Kaart 3

Karton 13 x 26 cm en 11,5 x 9,8 cm wit C335
• Model 8 • 2 cm brede strookjes van 4 blauwe enveloppen o.a. van AH en Bramer Bedrijfs-makelaars • 11,8 x 11,8 cm enveloppenpapier blauw • Tekststicker • Decotape zilver
• Hoekschaar Regal
Knip van de kleine kaart de rechter bovenhoek en de linker onderhoek mooi rond met de hoekschaar.

Kaart 4

Karton 13 x 26 cm en 11,5 x 11,5 cm wit C335
• Model 8 • 2 cm brede strookjes van 4 enveloppen in aubergine, groen en bruin o.a. van notaris en verwarmingstechniek • 12 x 12 cm enveloppen-papier bruin • Tekststicker • Holografisch papier goud • Embossingstencil Victoriaans
Embos de hoeken van de kleine kaart.

Model 8

1.

2.

3.

4.

Kopjes

Een of twee, hangend of staand:

kopjes heb je nooit genoeg.

Kaart 1

Karton 14,8 x 21 cm donkerrood en 10,5 x 8 cm lichtroze C103 • Model 9 • 2 cm brede strookjes van 4 enveloppen in roze en rood o.a. van Nationale Nederlanden en opinieblad Ode • 12,2 x 8,7 cm enveloppenpapier roze • Tekststickers • Decotape koperkleur
Snijd alleen het kopje uit. Knip na het IRISvouwen het oortje van enveloppenpapier en plak het op met de tekststickers.

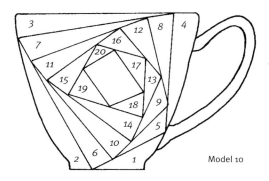

Model 10

Kaart 2

Karton 14,8 x 21 cm koningsblauw C495 en 13,8 x 9,8 cm wit • Model 10 en 9 • 2 cm brede strookjes van 4 blauwe enveloppen o.a van AH en Consumentenbond • Tekststicker • Decotape zilver • Hoekschaar Regal
Knip de hoeken rechtsboven en linksonder rond.

Kaart 3

Karton 14,8 x 21 cm wit A211 en 14,3 x 10 cm donkerblauw C500 • Model 10 • 2 cm brede strookjes van 4 lila/grijze enveloppen o.a. van hotel, omroep en uitgever • Decotape goud • Multihoekpons • Splitpennen
Breng de splitpennen aan vóór het plakken op de dubbele kaart.

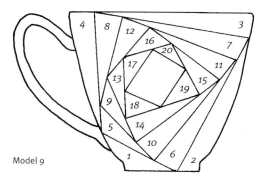

Model 9

Kaart 4

Karton 14,8 x 21 cm en 11,5 x 9,3 cm amandelgroen C480 • Model 10 • 2 cm brede strookjes van 4 enveloppen o.a. van gemeente Apeldoorn, gemeente Oostflakkee en ASNbank • 14 x 9,9 cm enveloppenpapier wit • Holografisch papier goud • Randornamentpons druppel • Hoekschaar Regal

Knip de hoeken van de kleine kaart en het enveloppenvel rond. Pons de druppelrand midden in de korte kanten van het enveloppenvel. Knip na het IRISvouwen uit de rode envelop een kopje en schuin de onderkant af.

Kaart 5

Karton 14,8 x 21 cm en 11,9 x 8,4 cm rood C505 • Model 9 • 2 cm brede strookjes van 4 enveloppen in crème en groen • 13,5 x 8,9 cm enveloppenpapier crème • Tekststicker • Holografisch papier goud • Randornamentpons touw • Hoekpons bloem

Pons de hoeken van de kleine kaart en bewerk het enveloppenpapier met de randpons.

Kaart 6

Karton 14,8 x 21 cm wijnrood C503 en 14,2 x 9,8 cm wit C335 • Model 10 en 9 • 2 cm brede strookjes van 4 roze/rode enveloppen o.a. van Euro en uitgever • 14,6 x 10,2 cm enveloppenpapier roze • Tekststicker • Decotape zilver • Hoekpons tulp

Pons de hoeken van de witte kaart.

Kaart 7

Karton 10,5 x 29,7 cm indigoblauw C140 en 9,8 x 14 cm wit • Model 9 • 2 cm brede strookjes van 4 blauwe enveloppen o.a. van Regiobank en Postbank • Decotape goud • Multihoekpons • Splitpennen

Pons twee hoeken van de witte kaart.

Lantaren en pegel

Licht en glans in wintertijd.

*De lantarens worden gemaakt volgens de
beschrijving bij de kaart van het omslag,
de pegels volgens kaart 4.*

Kaart omslag

*Karton 14,8 x 21 cm en 13,7 x 9,5 cm wit C335
• Model 11 • 2 cm brede strookjes van 4 paarse
enveloppen • 14,2 x 9,9 cm enveloppenpapier
aubergine • 5 x 7 cm enveloppenpapier paars
• Holografisch papier goud voor centrum en 1 cm
brede glitterstrookjes • Multihoekpons*
Pons de bovenste hoeken en snijd het irisvouw-deel
van de lantaren uit de kleine witte kaart. Voor werkwijze glitterstrookjes zie blz. 89. Knip deksel en
puntje uit het paarse papier en lichtstralen uit
holografisch goud.

Kaart 1

*Karton 14,8 x 21 cm ivoorwit C111 en 14 x 9,6 cm
kerstrood P43 • Model 11 • 2 cm brede strookjes
van 4 beige enveloppen • 5 x 7 cm enveloppenpapier • Tekststicker • Holografisch papier goud
voor centrum en 1 cm brede glitterstrookjes
• Hoekpons hulst*
Pons de bovenste hoeken van de rode kaart.

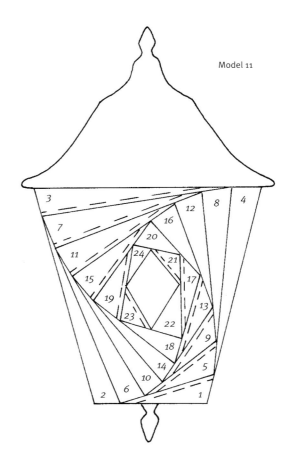

Model 11

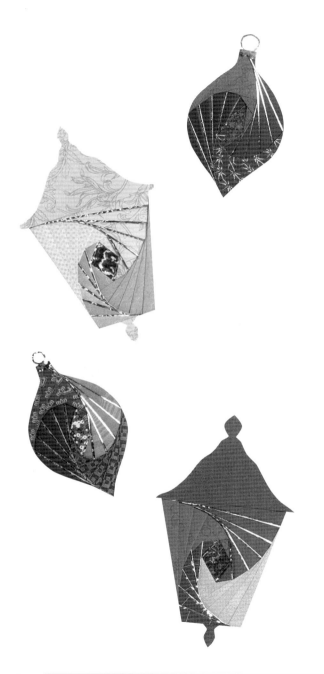

Kaart 2

Karton 14,8 x 21 cm ceriserood P33, 13,5 x 8,6 cm ivoorwit C111 en 14 x 9 cm goud • Model 11 • 2 cm brede strookjes van 4 rode enveloppen o.a. van Foster Parents • 5 x 7 cm enveloppenpapier • Tekststicker • Holografisch papier goud voor centrum en 1 cm brede glitterstrookjes • Hoekpons ster

Pons de bovenste hoeken van de witte kaart.

Kaart 3

Karton 14,8 x 21 cm wit en 13,8 x 9,5 cm indigoblauw C140 • Model 11 • 2 cm brede strookjes van 3 grijze enveloppen en van holografisch papier zilver voor vak 1, 5, 9 enz. • 5 x 7 cm enveloppenpapier grijs • Tekststicker • Holografisch papier zilver • Multihoekpons

Pons de bovenste hoeken van de blauwe kaart.

Kaart 4

Karton 14,8 x 21 cm en 11,8 x 8,5 cm wit C335 • Model 12 • 2 cm brede strookjes van 4 paarse enveloppen • Decotape goud • Randornamentpons ster slinger

Pons de rand van het enveloppenpapier. Snijd 1 cm brede strookjes van het decotape en voeg ze bij kleur b en d als glitterstrookjes.

Kaart 5

Karton 14,8 x 21 cm lavendel P21 en 13,8 x 9,5 cm bordeauxrood • Model 12 • 2 cm brede strookjes

van 4 grijze enveloppen • Holografisch papier
zilver voor centrum en 1 cm brede glitterstrookjes
• Multihoekpons
Pons de hoeken van de rode kaart.

Kaart 6

*Karton 14,8 x 21 cm paars P46 en 13,5 x 9,5 cm wit
C335 • Model 12 • 2 cm brede strookjes van 4
enveloppen in rood en paars • Holografisch papier
zilver voor centrum en 1 cm brede glitterstrookjes
• Hoekpons sterren*
Pons de hoeken van de witte kaart.

Glitterstrookjes verwerken

Vouw van strookjes holografisch papier een smal
randje om en voeg toe aan de enveloppenstrookjes.
Op de kaart plak je eerst het strookje enveloppenpapier tegen de stippellijn van het vak. Direct er
overheen leg je een strookje holografisch papier met
de vouw tegen de gesloten lijn van dat vak en je
plakt het ook vast. Bij de modellen met stippellijnen
worden dus glitterstrookjes toegevoegd.

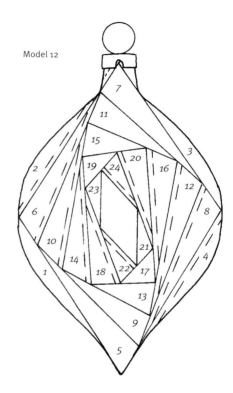

Model 12

Kersthuisje en kerstspar

Stijlvol en statig, mooi in

kerstrood, paars en blauw

met zilver of goud.

Kaart 1

Karton 13 x 26 cm kerstrood P43, 7,5 x 6,5 cm wit C335 en 8 x 7 cm zilver • Model 13 • 2 cm brede strookjes van origamipapier zilver en rood en holografisch papier zilver • 13 x 26 cm vellum Kerstwit met venster 8,5 x 7,5 cm • Tekststicker • Randornamentpons ster slinger
Snijd het huisje uit de witte kaart. Plak na het IRISvouwen het oogje bovenop het huisje en de kleine sterretjes uit de pons er omheen. Plak de tekststicker op de rode kaart.

Kaart 2

Karton 13 x 26 cm en 11,5 x 11,5 cm wit C335, 11,9 x 11,9 cm holografisch karton zilver • Model 14 • 2 cm brede strookjes van 3 ceriserode en grijze enveloppen • 12,2 x 12,2 cm enveloppenpapier rood • Tekststicker • Holografisch papier zilver
Snijd de spar uit de kleine witte kaart en schuin de rechterzijkant af op min. 0,5 cm van de boom.

Schuin het holografisch karton en het rode enveloppenpapier steeds 0,2 cm breder af.

Kaart 3

Karton 14,8 x 21 cm en 12,3 x 9,2 cm wit C335 • Model 14 • 2 cm brede strookjes van 3 paarse enveloppen • 13,5 x 9,5 cm enveloppenpapier paars • Origamipapier goud voor centrum en 1 cm brede glitterstrookjes • Hoekschaar Regal • Multihoekpons
Knip de bovenste hoeken van de kleine kaart rond.

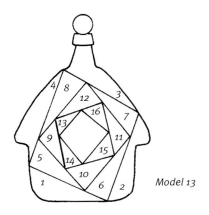

Model 13

Kaart 4

Karton 14,8 x 21 cm en 12,6 x 9,3 cm wit C335
• Model 14 • 2 cm brede strookjes van 3 blauwe
enveloppen • 14 x 9,6 cm enveloppenpapier blauw
• Tekststicker • Holografisch papier zilver
• Ponstang ster • Hoekschaar Celestial
Bewerk de bovenste hoeken van de kleine kaart
met de hoekschaar.

Kaart 5

Karton 13 x 26 cm wijnrood P36, 12,2 x 11 cm wit
C335 en 12,9 x 11,5 cm goudkarton • Model 14
• 2 cm brede strookjes van 3 paars/wijnrode
enveloppen • Tekststicker • Holografisch papier
goud • Multihoekpons
Werkwijze als bij kaart 2.

Kaart 6

Karton 13 x 26 cm paars P46 en 7,5 x 6,5 cm wit
C335, 8 x 7 cm goud • Model 13 • 2 cm brede
strookjes holografisch papier goud en origami-
papier goud en paars • 13 x 26 cm vellum Kerstwit
met venster 8,5 x 7,5 cm
Werkwijze als bij kaart 1.

Kaart 7

Karton 13 x 26 cm en 11,8 x 9,5 cm wit
• Model 14 • 2 cm brede strookjes van 3 paars-
blauwe enveloppen • 12,2 x 12,4 cm enveloppen-
papier paars • Tekststicker • Origamipapier
goud voor centrum en 1 cm brede glitterstrookjes

• Randornamentpons ster slinger
Bewerk het vel enveloppenpapier met de randornamentpons. Gebruik daarbij het laatste
geponste sterretje als startpunt voor de volgende
slinger.

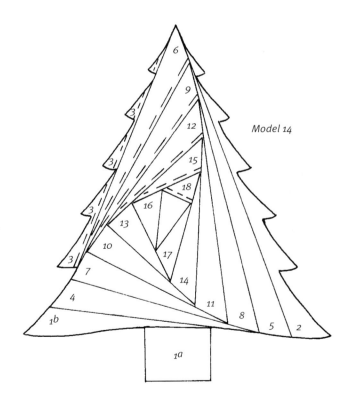

Model 14

Met dank aan:
Kars & Co B.V. te Ochten
Koninklijke Talens te Apeldoorn (kaartenkarton)
Romak te Hillegom (ovaalkaarten)
voor het beschikbaar stellen van de materialen.

Nederlandse Vereniging voor Papierknipkunst, (kniptips), info http://home.hetnet.nl/~knipkunst/

De gebruikte materialen zijn door winkeliers te bestellen bij:
Avec B.V. te Waalwijk
Kars & Co B.V. te Ochten
Papicolor International B.V. te Utrecht

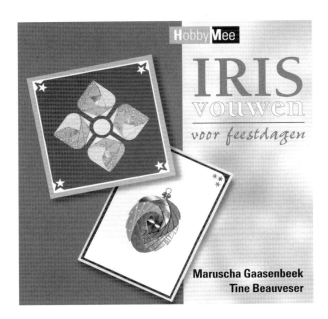

HobbyMee

IRIS
vouwen
voor feestdagen

**Maruscha Gaasenbeek
Tine Beauveser**

HobbyMee

IRIS
vouwen
met irisvouwpapier

**Maruscha Gaasenbeek
en Tine Beauveser**

HobbyMee

IRIS
vouwen
speelse vormen

**Maruscha Gaasenbeek
Tine Beauveser**

HobbyMee

SPIEGEL
knippen

Maruscha Gaasenbeek

BASISBOEK
IRIS
vouwen®

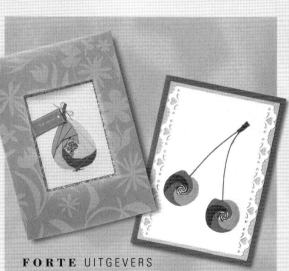

FORTE UITGEVERS

Maruscha Gaasenbeek en Tine Beauveser

HobbyMee

Harmonica
kaarten

Annelies Karduks

HobbyMee

Wenskaarten met *Carré*

carré

Annelies Karduks

HobbyMee

LUCIDO®
wenskaarten

Jannie van Schuylenburg-Dekker

HobbyMee

Marjoleine's
borduurkaarten

Marjolein Zweed
Caroline van Ravesteijn